F+ 4303

F. 2795.º
S.

12745

# IMPORTANTES VERITEZ

## POVR LES PARLEMENS.

## PROTECTEVRS DE L'ESTAT,

## CONSERVATEVRS DES LOIX,
### ET
## PERES DV PEVPLE.

Tirées des anciennes Ordonnances, & des Loix fondamentales du Royaume.

### DEDIEE AV ROY.

Par I. A. D.

*Vtcunque ferent hoc fata,*
*Vincit amor patriæ laudumque immensa cupido.*

### A PARIS,
Chez IACQVES VILLERY, au Palais, à l'entrée de la Salle Dauphine.

M. DC. XLIX.
*AVEC PERMISSION.*

# AV ROY.

IRE,

*Nous lisons du jeune Cresus, qu'ayant à peine l'vsage de la parole, si tost qu'il eust apperceu le meurtrier qui aduan-*

ã ij

# EPISTRE.

çoit le bras pour percer le sein de son pere, se deslia la langue, & transporté d'vne viue apprehension, commença à s'escrier soudain, NE TOVCHEZ PAS AV ROY MON PERE, ainsi dans les mesmes sentimens de crainte, accablé sous le faix de la douleur, & ayant l'honneur de commencer sous le Regne de Vostre Majesté sacrée, de voüer au public mes premieres paroles, dans le Barreau le plus eminent de la Iustice du Royaume, ie sens que ma langue s'est heureusement desliée si tost qu'on a attenté directement à Vostre Majesté, & qu'vn MEVRTRIER insolent a paru armé au sac de vostre ville, au massacre de vos Subjets, à la ruine de vostre Parlement. Ce qui nous cause & redouble encore vn plus sensible & cuisant regret, est que les souspirs & les larmes dont vostre peuple vous a
fait

# EPISTRE.

fait naistre, n'ont pû vous obtenir pour la seconde fois. Il souffre dans le cœur les mesmes conuulsions & les frayeurs horribles, que ressentit ce mal-heureux pere quand il apperceut qu'vne beste feroce s'estoit saisie de son enfant qu'elle auoit tiré du berceau tout endormy, & porté sur vn precipice; On vous a enleué de nuit des bras de vos Subjets, & nous vous voyons, SIRE, entre les mains d'vn Ministre cruel & merueilleusement estourdy; de prendre les armes pour luy courir sus, ayant en sa disposition vn si cher & si pretieux gage, c'estoit commettre trop temerairement vostre sacrée personne, & l'enuelopper dans le peril. Le precipice où il vous a porté auec tout vostre Estat, sa condition d'estranger, & son imprudence naturelle, rend vostre peuple excusable, de n'auoir jetté en ce rencontre que des

# EPISTRE.

larmes, & attendu dans les tremblemens continuels ce qui en pouuoit arriuer. Tout nostre crime, SIRE, est d'auoir souffert auprés de Vostre Majesté, vn animal deguisé, qui a trouué dans vostre Royaume ce qu'vn autre, aussi adroitement que luy, rencontra chez les Tyriens; & s'est enfin saisi d'elle, lors qu'elle reposoit sur les Palmes que son Parlement luy auoit cueilly. Il importe de leuer les sinistres impressions qu'on luy donne de ses plus fideles seruiteurs, dont on fait passer pour rebellion, le zele & l'ardeur de respandre leur sang pour le soustien de la Couronne; Magistrats vrayement dignes des charges qu'ils exercent, si le gouuernement d'vn ambitieux & trop violent Ministre, n'auoit esté indigne d'eux. Mais il est temps, SIRE, de rejetter d'vn regne si innocent, ces marques funestes & ces images

*Le chien de Tyr qui trouua la Pourpre.*

# EPISTRE.

sanglantes qui s'offrent à nostre souuenir, quand nous voyons des gens qui se portent courageusement à deffendre vostre Estat, de dire celuy-là a esté banny, & celuy-cy empoisonné. L'exil & les supplices ne sçauroient plus ternir le vif esclat de leur Pourpre. Et si c'est vn office de pieté, de fermer les yeux à ses amis, & les composer à la mort, Venez, SIRE, voir expirer vostre peuple, & vous trouuerez leurs Magistrats, quand ils ne pourront faire autre chose, luy rendre encore ce dernier deuoir, & se remettre entre vos bras. Mais d'esperer qu'vn mauuais Conseil les fasse honteusement fleschir, sous la main sacrilege d'vn meschant Ministre, eux qui ne peuuent perir qu'auec la Monarchie, les Loix de vostre Estat ne le peuuent souffrir; non ces pensées sont trop funestes. Reuenez IEVNE PRINCE,

# EPISTRE

les Dieux & les Rois n'ont pas des peuples pour les faire languir. Le Soleil chasse la tristesse du Ciel, & resiouïst toute la terre, & la presence du Roy n'apporte que de la joye & du soulagement à ses Subjets; C'est vne lumiere esclattante, dit Salomon, qui dissipe & perce tous les nuages, lumiere, marque de la Royauté, d'où les Empereurs de Constantinople faisoient tousiours porter deuant eux vne lampe ardente, pour dire que la lumiere n'esclairant iamais pour soy, mais pour faire voir les autres, aussi que la Royauté ne regarde que le bien des Subjets. Vous verrez, SIRE, que tous vos peuples jetteront plus que jamais les yeux sur Vostre Majesté, vous n'entendrez que des paroles de resioüissance, & des acclamations publiques; & si autresfois en France les Rois, au retour des batailles, estoient portez par les

Princes

# EPISTRE.

*Princes sur leurs Boucliers, & ainsi exposez à la veuë de leur peuple, à vostre arriuée dans Paris, vous serez porté sur les cœurs de vostre peuple, vray bouclier des Rois, desquels enfin pour marque de fidelité, il vous fera des victimes & des sacrifices, comme je fais à present du mien & de mes tres-humbles seruices. Qui suis & seray à jamais,*

De vostre Majesté,

Tres-humble, tres-obeïssant,
& tres-fidele seruiteur &
sujet, I.A.D.

# AV LECTEVR.

C'ESTOIT vn bel ornement aux Iuges des Egyptiens, remarqué par Diodore Sicilien au premier de son Histoire, où il dit, que celuy qui presidoit aux iugemens auoit vne chaisne d'or en son col, à laquelle pendoit vn anneau enrichy de pierreries, qu'ils appelloient LE SIGNAL DE LA VERITE', & que la coustume estoit apres auoir gardé vn long silence, de tourner ce signal vers le party le plus veritable, auant que pouuoir prononcer. Il est vray que les Autheurs, dont la passion ou l'auarice a fait esclatter au moment de nos troubles, des iugemens precipitez, n'ayans traitté pour la pluspart, que des matieres indifferentes, &

## AV LECTEVR.

s'eſtans propoſé ſeulement d'arreſter les eſprits mediocres ſur des ſujets mal digerez, ne deuoient point vſer de ces ceremonies, qui ne ſont faites que pour les ouurages plus ſolides, & les eſcrits plus recherchez. Mais j'aduouë qu'ayant eu à parler de l'authorité du premier Parlement du Royaume, & ayant eſté porté par ceux meſmes qui y ſont plus conſiderez, à mettre au iour ces Veritez Importantes, ie n'ay pû me diſpenſer de garder ce long ſilence, auant que de tourner le ſignal, & declarer mes ſentimens, ſoit par le reſpect particulier, de toucher à des droits ſi ſacrez, auec des mains peu ſçauantes & experimentées : Suiuant la penſée du plus eloquent des Prophetes, qui dit au chapitre 32. *Et erit cultus iuſtitiæ ſilentium.* D'où Homere, qui paſſera touſiours pour le maiſtre de tous ceux qui ſçauent, voulant deſcrire les reſpects & les honneurs incomparables, que les Troyens portoient à leurs Chefs & à leurs Gouuerneurs, luy qui eſt riche & abondant principalement

## AV LECTEVR.

en ses descriptions, ne dit autre chose sinon, qu'ils ne parloient qu'apres vn long silence, σιγῇ δεδότες. soit aussi par la crainte & apprehension de la grandeur du sujet, & du peril où nous jettent quelquesfois les mouuemens trop libres de nostre esprit; neantmoins ayant icy pour garands les principaux Officiers de cet illustre Corps, dont i'ay l'honneur d'estre vn des enfans, & n'ay rien fait que sous leur conduite: l'ay crû pouuoir dire auec Hildebert Archeuesque de Tours, *Quamuis mihi periculosum fore intelligam, si illud, liberius paulo tractauero, dicam tamen quod mens mihi ratioque dictauerit, nec tanti faciam, fortunæ sauientis terrores, vt* IVSTITIÆ *mecum facientis non asseram* VERITATES.

# IMPORTANTES VERITEZ
## POVR LES PARLEMENS.
### PROTECTEVRS DE L'ESTAT.
### PREMIERE PARTIE.

---

EXTRAIT DES REGISTRES de Parlement. du 8.e Jan.er 1649.

CE iour la Cour, toutes les Chambres assemblées, deliberant sur le Recit fait par les gens du Roy, de ce qu'ils se sont transportez à saint Germain en Laye pardeuers ledit Seigneur Roy & la Reyne Regente en France, en execution de

A

l'Arrest du iour d'hier, & du refus de les entendre, & qu'ils ont dit que la Ville estoit bloquée: A ARRESTE' ET ORDONNE', Que treshumbles Remonstrances par escrit seront faites audit Seigneur Roy & ladite Dame Reyne Regente. Et attendu que le Cardinal Mazarin est notoirement l'autheur de tous les desordres de l'Estat & du mal present, L'a declaré & declare Perturbateur du repos public, Ennemy du Roy & de son Estat: Luy enjoint se retirer de la Cour dans ce iour, & dans huictaine hors du Royaume: Et ledit temps passé, Enjoint à tous les Subjets de luy courre sus, FAIT deffenses à toutes personnes de le receuoir, ORDONNE en outre qu'il sera fait leuée de gens de guerre en cette Ville en nombre suffisant: A cette fin Commissions deliurées pour la seureté de la Ville, tant au dedans que dehors, & escorter ceux qui ameneront les viures, & faire en sorte qu'elles soient amenées & apportées en toute seureté & liberté. Et sera le present Arrest leu, publié & affiché par tout où il appartiendra, à ce qu'aucun n'en pretende cause d'ignorance. Enjoint aux Preuost des Marchands & Escheuins tenir la main à l'execution.

Signé, GVYET.

ESCHYLE Poëte Grec, descriuant le siege de la Ville de Thebes par Polynicés fils d'Œdipe, & representant ses sept Chefs qu'il auoit choisis les plus vaillants de toute son armée, & qui ont donné le nom à cette celebre Tragedie, l'vne des plus belles pieces de l'Antiquité Grecque, ἑπτὰ ἐπὶ Θήβαις, dit, Que tous les Capitaines qu'il auoit disposez pour attaquer la ville par diuers endroits, auoient leurs boucliers superbement enrichis & grauez de diuerses figures, qu'en l'vn estoit empraint vn Promethée enuironné de feu, auec cette inscription, IE REDVIRAY LA VILLE EN CENDRES; En l'autre il y auoit vn Geant representé, qui emportoit sur ses espaules vne ville toute entiere, laquelle il auoit arrachée auec des pinces de fer, & au tour estoit escrit, MALGRÉ LES DIEVX IE L'EMPORTERAY DE FORCE; Mais le General de toute l'armée auoit vn bouclier plus grand & plus ample que les autres, & pour deuise, on voyoit vn ieune Prince que la Iustice tenoit par la main, auec ces paroles qu'elle luy adressoit: C'EST MOY QVI VOVS REMENERAY EN VOSTRE VILLE, *reducam te in ciuitatem*, κατάξω σε εἰς πόλιν, ET VOVS CONSERVERAY LE TRÔNE QVE VOS PERES VOVS ONT ACQVIS, καὶ πατρῴων δωμάτων ἐπιστροφάς.

Cette derniere Figure est la representation naïue, & la viue expression des troubles & des desordres, où nous a plongé l'absence de nostre ieune Monarque,

A ij

ou plustost l'enleuement commis en sa personne par vn complot & vne conspiration detestable, vn attentat abominable. Qu'aux yeux de toute la France, & de ce corps auguste de la Iustice suprême du Royaume, ce Parlement celebre, Dieu tutelaire de l'Estat, où les premiers Princes du monde ont tenu à honneur de faire leurs principaux sacrifices, & voüer leur fidelité à la deffense de cette florissante Monarchie. Qu'on ait veu, dis-je, vne troupe de coniurez s'armer pour la ruine & l'embrazement de ces sacrez Autels, apres en auoir rauy ce ieune Prince, que le Ciel a formé de sa main pour estre le miracle de nos iours, lors que tous ces grands Genies n'estoient occupez qu'à le faire triompher en naissant, & agrandir son authorité; N'est-ce pas LE CONSEIL de ces fameux Incendiaires qui embrazerent le Temple de Diane en Ephese, pendant que cette Deesse estoit attentiue à la naissance d'Alexandre, & preparoit aux hommes le Conquerant de l'Vniuers.

On dit que l'Eclipse du Soleil n'arriue iamais, que ce monde inferieur ne se ressente de la perte qu'il fait pour vn temps de la lumiere de ce bel Astre, toute la nature tombe en defaillance, la terre est obscurcie, & n'est menacée que de sinistres accidens. Mais nous pouuons dire que l'absence de nostre Roy, comme l'eclipse du Soleil naissant de cette Monarchie, fera ressentir à l'Estat de perilleux effects. La terre cache quelquefois le Soleil à nos yeux, mais ne le rauit pas aux hommes: Et ce ieune Prince a esté arraché des bras de ses Subjets, il est demeuré la proye de ses

Rauis-

Rauisseurs, & son Royaume exposé par de mauuais Ministres, aux seditions & aux reuoltes, qui est vn crime, du nombre de ceux que Lactance appelloit, *Cothurnata flagitia*, digne du Cothurne tragique. Car ie ne crois pas que iamais le Theatre ait raisonné & retenty de plus funestes euenemens, crime non seulment remply d'enormité, mais d'horreur & d'impieté; puis qu'il est estrange, disoit Firmicus, qu'vn Roy commence à regner par le massacre & le carnage des siens, sans qu'on leur puisse imputer autre chose, sinon qu'ils sont nez ses Subjets, *Cædibus suorum surgit Rex imperaturus, & à suppliciis regnum, auspicatur, eam tantum ob causam, quia sui sunt.*

Voyons pour espargner vne plus longue Preface, & ne m'engager point en des preambules fugitifs, si ce grand Senat n'estoit pas obligé de prendre les armes en main pour conseruer l'authorité du Roy, maintenir l'honneur de son Sceptre, & reprimer l'insolence de ces nouueaux Geants, lesquels ne menacent pas seulement comme à Thebes, d'emporter de force les villes les plus puissantes, mais s'imaginent auec temerité, qu'ils peuuent seuls atteindre & s'esleuer dans le Ciel de la Royauté, qu'ils ont droit de s'opposer aux Cours Souueraines, porter le feu de la diuision en toutes les parties du Royaume, respandre le sang des Subjets du Roy, declarer les Parlemens rebelles, leur authorité iniuste, comme si ce n'estoit pas assez de faire des crimes; ils se plaisent à faire des criminels. mais nous auons cét aduantage, que ces Corps Augustes ayans esté establis par nos

B

Rois, seuls legitimes administrateurs de la Iustice, laquelle ils ont eux-mesmes constituées TVTRICE de leur Estat. Il est aisé de faire voir par les Loix du Royaume, que les Parlemens doiuent auoir seuls la connoissance & le gouuernement des affaires publiques, que les Rois Mineurs sont particulierement sous leur conduite, puisque dans leur Majorité mesme ils ont tousiours fait gloire de sousmettre leur authorité. C'est ce que i'ay entrepris de traitter contre les Ministres dont on a composé VN CONSEIL D'ENHAVT, pour ne pas dire vn amas de gens ennemis de l'Estat, lesquels par vn excés d'impieté deschirent les entrailles de leur Patrie, & tous noircis de crimes, ne se sçauroient cacher que dans les playes de la Republique. Mais ce qui me trauaille & me peine, est la crainte de ne pouuoir pas respondre à la dignité du sujet, & qu'il ne m'arriue comme à ces Peintres, lesquels plus heureux en la matiere de leurs ouurages qu'en leur Art, ternissent quelquefois les plus belles couleurs par des lineamens obscurs & ombrageux, i'apprehende de ne pouuoir pas satisfaire à la grandeur de la matiere.

*Fas mihi graiorum sacrata resoluere iura*
*Apparent Priami & veterum penetralia regum.*

Aussi toutes les lignes de ce Discours n'aboutissent qu'à vne recherche mysterieuse & sacrée des Loix fondamentales de la Monarchie, & se reünissent comme en leur centre en deux propositions principales, puisées des maximes les plus pures de l'Estat.

L'vne, que nous ne reconnoissons en France qu'vne seule authorité.

L'autre, que nos Rois l'ayant communiquée à leurs Parlemens pour le bien de leurs Subjets, & particulierement pour la conduite & l'administration des affaires du Royaume, il n'y a que les Compagnies Souueraines qui la puissent exercer legitimement pendant la Minorité.

La premiere de ces propositions est appuyée, & a pour fondement vne verité inuincible, que la Monarchie humaine, à l'imitation de la Diuine, consiste en l'vnité, elle est seule & indiuisible, comme on peut aussi remarquer, que tout ce qui commande en la nature est vnique.

Le Soleil qui est l'image des Princes de la terre, le Roy du monde sensible, comme Platon l'appelle βασιλεὺς παντὸς αἰσθητοῦ. Luy sous la puissance duquel se meut toute la disposition de la nature elementaire, il est vnique, l'on ne void point deux Soleils dans le Ciel.

L'ame qui nous informe & nous gouuerne comme le Prince qui fait mouuoir le corps de son Estat selon sa volonté, elle est seule, & n'en pourroit pas souffrir vne autre pour animer vn mesme corps. *Vnum corpus vnius animo regendum.*

L'entendement qui domine sur toutes les puissances sensitiues de l'ame, est representé admirablement par ce grand Archeuesque de Thessalonique, comme vn Roy seul esleué en la partie la plus eminente du corps; ὁ νοῦς ὡς ἐν ἀκροπόλει ἐν ἡμῖν; Enfin tout ce qui

B ij

regit & gouuerne est vn, & ne se diuise point, & s'il est vray que l'vnité tienne lieu de principe & d'element à toutes choses, mesme que chaque chose ne soit qu'entant qu'elle est vne, & qu'elle cesse d'estre quand elle perd son vnité indiuiduelle, combien plus cela a-il lieu aux Monarchies, qui ne subsistent & ne retiennent leur nom que par l'vnité, & comme c'est elle qui les conserue, aussi la diuision & la pluralité les destruit.

C'est ce que dit excellemment vn autre Interprete d'Homere plus ancien qu'Eustathe qu'on dit estre Dydimus d'Alexandrie sur ce beau vers du Poëte, οὐκ ἀγαθὸν πολυκοιρανίη. Si l'on pouuoit, dit-il, trouuer en la nature vn corps qui fut simple, & d'vn seul element, il ne souffriroit iamais de corruption ny d'alteration, & cite là dessus vn lieu d'Hippocrate, *de natura hominis*, εἰ ἓν ἦν ὁ ἄνθρωπος, οὐδέποτε ἂν ἤλγεεν, *si homo vnum esset nunquam doleret*: nos corps ne se corrompent qu'entant qu'ils sont composez de plusieurs qualitez. Enfin pour mettre le sceau à tant de belles analogies & de comparaisons illustres, que l'estude des Sçauans, & les meditations des grands Genies, pourroient icy fournir par vn exemple qui nous est particulier & domestique. Disons qu'il n'y a qu'vne seule Couronne entre les Astres, & qu'en la terre celle de la France est vnique, c'est cette perle precieuse produite de la rosée & de l'influence du Ciel, i'entens cette liqueur celeste, diuine & miraculeuse, dont nos Rois sont sacrez, comme la perle est vnique & singuliere en sa generation, parce que ce qui la produit n'en n'en porte iamais qu'vne, appellée pour cela par les Latins du mot qui signifie l'vnité. La Couronne de France qui est la perle de toutes les autres, est demeurée depuis tantost sept cens ans dans l'vnion de toute sa puissance, sans en souffrir iamais la moindre diuision.

Or comme l'ordre des Estats n'est que l'ombre de l'ordre Eternel de la Sagesse Diuine, qui découle en terre par l'esprit des Rois, comme par des canaux choisis par la Diuinité pour se communiquer aux hommes. Nous voyons que nos Rois n'ont iamais fait part de leur authorité qu'à leurs Cours Souueraines, pour se decharger d'vne partie de leurs obligations & de leurs soins; de mesme que le Soleil ne communique sa lumiere qu'aux Astres, afin que par leurs influences ils cooperent auec luy à la conseruation & à l'administration de l'Vniuers.

Cette derniere proposition, bien que susceptible d'ornemens & de recherches, ne doit reluire que de sa propre solidité, c'est vn or tout pur qui esclate de sa seule lueur; & parce qu'il faut icy toucher la maistresse corde d'où despend toute l'harmonie du Royaume, à laquelle les ennemis du Roy s'efforcent de donner de faux sons; Ie voudrois pouuoir desployer tous les traits de l'eloquence la plus viue, combattre contre eux corps à corps, & vaincre auec les Argumens les plus forts & les plus puissans, suiuant le conseil & l'instruction que nous donne le plus disert & le plus eloquent des Prophetes, celuy à qui l'Ange auoit purifié & nettoyé les levres, *prope iudi-*

C

*cium*, c'est au 41 d'Isaye, *Afferte si quid forte habetis*, Φέρετε τὰ ἰσχυρὰ ὑμῶν, ce que les Septantes ont traduit, τὰ κρατυώματα, *fortia vestra, firmamenta vestra*: Voicy le poinct decisif, & qui me fait desia considerer la France comme l'Astre qui a la plus haute eleuation dedans le ciel de la fortune.

Encore que les Parlemens ne seruent principalement qu'à faire regner les Rois, & qu'ils ne reconnoissent autre cause de leur institution dans les Estats, que celle qui a constitué les Monarques parmy les hommes; Tesmoins ce que nous lisons dans l'Escriture de ce peuple d'Israël, qui demandoit à Dieu vn Roy pour le iuger: Et la priere du ieune Salomon venant tout petit à l'Empire, Que Dieu luy enuoyast des Gens fidelles, & vn Conseil intelligent pour bien regner. Neantmoins nos Histoires font foy, que les Compagnies Soueuraines en France sont moins anciennes que l'Estat Monarchique; car ie ne veux parler que de nos premiers Rois, sans m'arrester vainement à remuer les cendres de ces anciens Druides, & de tant de petits Senats, dont Cesar fait mention en ses Commentaires, que nos Gaulois tenoient en leurs Villes & dans leurs Prouinces, sous l'authorité des Romains.

La Iustice en France estoit administrée par le Roy & les Princes, & lors qu'ils estoient assemblez auec les Barons & autres grands Seigneurs, pour deliberer des affaires les plus importantes (ce qui arriuoit deux ou trois fois l'année:) Ces conuocations generales de tous les ordres du Royaume, s'appelloient Parlement, comme du Tillet, Pasquier & les autres remarquent, & bien que ce fust vn tiltre plus particulierement attaché à leurs deliberations qu'à leurs personnes, c'est neantmoins l'vnique origine, & la source adorable d'où ont rejally tant de viues lumieres qui ont depuis esclairé la Pourpre de nos Rois.

Et d'effet l'ambition naturelle à tous nos Princes de porter leurs armes & la terreur tout ensemble dans les païs estrangers, ne borner leur Empire que par l'estenduë de leurs Conquestes, ayant desiré qu'on pourueut à l'Estat de gens de probité, de suffisance & de merite, pour le regir & gouuerner lors qu'ils conduisoient eux-mesmes leurs armées, & que tous les grands du Royaume les accompagnoient. Ils ordonnerent vn Parlement composé des spectacles du Royaume, auec plain pouuoir de commander en leur absence, connoistre des affaires publiques & particulieres en toute souueraineté; nous en auons d'anciens vestiges dans les Capitulaires de Charlemagne, car tout cela s'est fait sous le regne du Roy Pepin son pere, & comme ce Parlement aussi necessaire à la personne du Prince, qu'à la conduite de son Estat, n'auoit point de lieu asseuré, ny de seance certaine, le Roy Philippes le Bel le rendit sedentaire, & luy laissa les mesmes fonctions & prerogatiues qu'il auoit à la suite des Rois ses predecesseurs, auec attribution particuliere de connoistre de toutes les affaires publiques : C'est pour cela que Monstrelet, Froissart & les autres, n'ont appellé le Parlement que LE CONSEIL DES ROYS, & d'effet il ne se trouue point de lettres de son institution, comme des autres Cours Souueraines, parce qu'il a tousiours tenu la place du Conseil de tous les Grands du Royaume prés les personnes de nos Roys, & l'on peut dire qu'il n'est pas tant institué, comme il est né auec eux, enquoy il represente plus parfaitement la Majesté du Prince, & porte plus sensiblement les traits de son image, astre creé de la splendeur de la Royauté, viue estincelle du feu de la vertu Royale, esclat brillant de ce diuin planette, Senat aussi fameux & renommé que celuy dont les Conseillers furent pris par nos Peres pour autant de Dieux, & pour autant de Roys par les Ambassadeurs de Pyrrus, aussi estes vous honorez du tiltre de Diuinitez dedans les liures saints, & portez en main comme ces Iuges de la Grece, le sceptre de l'authorité souueraine, dont nos Roys vous ont rendus participants.

Σκῆπτρον μὲν ᾗες ἀχαιῶν
Ἐν παλάμῃσι φορέοισι.

C'est de vous que nous voulons apprendre les glorieux succez de tant d'entreprises vertueuses, dont vous auez soustenu la France sous le regne de tant de Roys; & l'on ne doit point trouuer estrange, si ie vous fais parler en vostre propre cause, puis qu'en vne contestation que l'on peut dire estre entre les Dieux, on ne doit attendre que des Oracles, lesquels vous auez seuls, comme ie feray voir, l'authorité de rendre. Et s'il est vray qu'on ait tousiours fait grand estat dans les escoles des Orateurs des preuues qui viennent de la chose, des tesmoignages que l'on tire du sein de la cause mesme, des arguments qui sont

extraits

extraits en quelque façon, & comme exprimez des entrailles d'vne affaire, que les Rhetoriciens Grecs ont appellé pour cela λείψανα τȣ πϱάγματος, si rien ne fait voir le Ciel plus clairement que les estoilles, parce qu'elles sont de la substance du Ciel mesme, qu'elles en sont les parties plus espaisses & plus ramassées, des preuues qui viennent naturellement, qui naissent de la chose mesme, donnent bien plus de iour & de lumiere. *Quædam sunt probationes quæ ex re ipsa descendunt*, dit la Loy. Combien les argumens qui viennent des personnes mesmes, doiuent estre plus dignes & plus excellens, car ce sont des preuues viuantes, des preuues parlantes & animées, lesquelles persuadants d'elles-mesmes, il n'est plus besoin d'autre discours, les paroles sont oysiues & superfluës, & l'aduantage que nous auons par ce moyen est tel, que le gain de nostre cause est tout entier entre nos mains.

 Nous remarquons en cette belle remonstrance que vous fistes au deffunct Roy, de glorieuse memoire, en six cens quinze, & qui a depuis esté donnée au public, des exemples illustres de l'authorité, en laquelle tous nos Roys successiuement ont conserué leurs Compagnies Souueraines. Charles V. ioignant la Iustice à la puissance Royale, ne declaroit iamais la guerre, & ne traittoit d'aucune affaire importante que par l'aduis de son Parlement, luy qui s'estoit acquis dans toutes les Nations ce haut tiltre de Sage, faisoit gloire d'auoir retiré l'vne de ses Prouinces d'vne main estrangere, par vn Arrest de son Parlement. L'on sçait ce qui arriua du temps de Loüis XI. Prince

D

plus jaloux de son authorité, qu'aucun de ses predecesseurs, car ayant enuoyé vn Edict pour verifier, sur lequel on luy fist de grandes remonstrances, non seulement il les eut agreables, mais il adjousta, qu'il *remercioit son Parlement, & ne le contraindroit iamais à faire chose contre sa conscience.* Ce grand Roy se voyant menacé d'vne mort prochaine, fit venir le Dauphin son fils, qui a depuis regné sous le nom de Charles VIII. aupres de sa personne, pour luy declarer ses dernieres volontez, & apres luy auoir fait entendre, qu'il desiroit l'instruire & le preparer au gouuernement de son Estat, la derniere parole

*Extremum fato quod te alloquor hoc est.*

fust, *de ne rien entreprendre sans l'aduis de ses Pairs & de son Parlement*, & voulut que la remonstrance qu'il luy faisoit y fust registrée. Paroles dignes de fermer la vie & la bouche de ce grand Prince d'vn mesme sceau, & comme elles partoient d'vne ame libre, qui n'estoit asseruie qu'à la consideration du bien de son peuple, elles deuroient sans doute seruir à tous les Roys d'vne rare leçon, de confier tousiours à ces corps augustes, les secrets les plus importants pour la conduite de leurs affaires, & pour leur administration.

L'on celebroit vne feste chez les Egyptiens au commencement de chaque année, dont parle Iamblique leur grand Prestre au liure qu'il a fait de leurs mysteres, qu'ils appelloient le Baston du Soleil, comme si cét Astre naissant eust besoin de quelque appuy, ou plutost pour monstrer que les ieunes Princes doiuent estre assistez de Conseils, & qu'ils ont particulierement besoin du bras de la Iustice pour les soustenir. Aussi les anciens Regiftres, depositaires des Oracles de cette celebre Compagnie, sont remplis de deliberations importantes, pour le bien & la conseruation du Royaume pendant la minorité des Princes, & nous lisons que les mariages des Enfans de France ne se faisoient que par l'aduis de ces sages Moderateurs de l'Eftat, pour monstrer qu'ils n'auoient pas seulement l'administration des biens, mais aussi des personnes; de sorte que nous pouuons dire, ce que Vegetius appliquoit à ce grand Senat Romain; *Eius fidei atque virtuti, fortuna ciuium, tutela Imperij, salus vrbium, Reipublicæ gloria debetur.* Mais laissons là des preuues qui nous sont domestiques, & passons aux anciennes ordonnances du Royaume, & aux loix fondamentales de nostre Monarchie.

Encore que dans ce Royaume toutes choses flefchissent sous les commandemens du Roy, & se soufmettét à sa souueraine puissance, que nos Rois qui ne tiennent leur Empire que de Dieu & de leurs espées, ayent vne authorité absoluë & vne souueraineté Monarchique, neantmoins ils ont apporté vn tel temperament, qu'ils n'ont iamais voulu que leurs volontez & ordonnances fussent tenuës pour loys, ou qu'elles emportassent vne necessité d'y obeir, auparauant que la Cour les eust declarées iustes, digne loy de l'Empire du peuple François, le plus doux & le plus libre de tous les peuples, & qui a donné à la France les plus iuftes & les plus grands de tous des Roys.

Ce meslange & cette moderation de puissance re-

D ij

ceuë de tout temps en la Monarchie, est la base & le fondement de nostre Estat, la cause de son progrez, le principe de sa conseruation, si nous suiuons la pensée de ce grand Astronome Abimadel, le mieux versé dans la Politique des Arabes, chez qui l'authorité des Roys estoit beaucoup inferieure à celle du Senat, lors que des deux mouuements opposez de ce Roy des Astres, l'vn violent & rapide qui nous marque les iours, l'autre naturel & plus moderé qui distingue les années, il conclud que du dernier despend l'harmonie des saisons, l'entretien des corps sublunaires, la vie des hommes sur la terre, que l'impetuosité & la violence de l'vn destruiroit sans doute, si la douceur & la moderation de l'autre ne les conseruoit.

Ainsi les Cours Souueraines, dont l'authorité n'est qu'vne participation & vn escoulement de cette immensité de puissance qui soumet les hommes, & les contraint de ployer sous la Majesté des Princes, ont esté de tout temps associées à l'Empire, pour temperer par la prudence de leurs conseils les mouuements rapides de ces volontez souueraines, que les loix sacrées & inuiolables de l'Estat ont en quelque façon domptées, non pas que nos Roys empruntent leur puissance du Conseil de leurs Parlemens, mais bien par vne regle immuable en la Monarchie, ils doiuent en prendre les aduis pour authoriser leurs commandemens.

Nostre France riche des despoüilles de ce superbe Empire des Romains, où le Senat auoit l'Intendance de la paix & de la guerre, l'authorité de faire des loys

& de

POVR LES PARLEMENS. 17

& de les reuoquer, a tousiours pris plaisir d'estre gouuernée par ces puissants genies, & voir ses Roys marcher sur les vestiges des premiers Conquerans du monde, qui n'entreprenoient rien sans l'aduis du Senat, & faisoient gloire d'abandonner leur Empire & leurs propres personnes à sa conduite. C'est ce qui a merité tant de beaux eloges à l'Empereur Nerua dans Zonare, à Probus dans Vopisque, à l'Empereur Hadrien dans Dion Cassius, & nous auons vn lieu singulier de Iustin Martyr en sa seconde Apologie sur la fin, où il rapporte vn Edict de l'Empereur Antonin, conceu en ces termes, I'entends que ce que i'ordonne soit authorisé, soit appuyé de mon Senat, ταῦτα δὲ τῆ συγκλήτου δόγμασι κυρωθῆναι βούλομαι. Il semble mesme que ces grands Guerriers n'auoient appris à se rendre maistres du monde, si nous en croyons Claudian, que par les actes & les registres de ce corps le plus illustre de leur Empire.

*Gestarum patribus causas ex ordine rerum*
*Euentusque refert, veterumque exempla secutus,*
*Digerit Imperij sub Iudice facta Senatu.*

C'est ce que disoit vn autre Poëte:

*Regnantem iure Senatum.*

Ainsi nos Roys par des sentimens dignes de la Majesté Royale, se sont despouillez de leur pourpre, pour en reuestir leurs Parlements, & n'ayans pû trouuer de lieu plus auguste pour establir leur throsne, ils y ont constitué leur lict de Iustice, pour se reposer de tout ce qui les concerne dans le sein de leurs Magistrats. Nous en auons vn tesmoignage authenti-

E

que en la personne du Roy François I. qui prit son Parlement pour arbitre, lors que s'agissant de sa propre liberté, il ne fist autre responce à Charle Quint, sinon, *que les loys fondamentales de son Royaume, estoient de ne rien entreprendre sans le consentement de ses Cours Souueraines, entre les mains desquelles residoit toute son authorité.*

L'Estranger mesme s'est tenu honoré de le prendre pour tiers dans les differends les plus notables; l'Empereur Frederic II. du nom, Roy de l'vne & l'autre Sicile, se sousmit à son iugement, sur les pretentions qu'il auoit à cause de son Empire & de son Royaume contre le Pape Innocent IV. & bien que le Roy de France eust ambrassé ouuertement son party, & fait publier diuers Arrests & iugemens en faueur du Pape, si est-ce que l'Empereur ne fit aucune difficulté d'en passer par l'aduis du Parlement, tant la reputation s'estoit espanduë parmy les peuples de son integrité.

La cause du Comte de Namur fust iugée en la mesme Cour, entre Iean Comte de Namur, & Charles Comte de Valois, frere de Philippe le Bel, & du Roy Philippe de Valois, & l'Arrest fut rendu contre Charles de Valois en l'année 1320.

Le Duc de Lorraine & Guy de Chastillon se rapporterent au Parlement pour regler les bornes & les separations de leurs terres & Seigneuries, en 342. Et en 390 le Dauphin de Viennois & le Comte de Sauoye se soumirent au Parlement sur le different de l'hommage du Marquisat de Saluce, lequel par Arrest fust adiugé au Dauphin, & depuis par vn autre Arrest le

Comte de Sauoye condamné en deux cens mil liures d'or pour la restitution des fruicts & les dommages & interests.

Mais ce qui arriua en l'année 1403. n'est pas moins remarquable, lors que des Seigneurs d'Espagne apporterent au Parlement vn traitté de paix entre les deux Roys de Castille & de Portugal, pour y estre omologué toutes les Chambres assemblées.

Apres cela, que les Grecs vantent leur Areopage, de ce qu'il estoit paruenu à vne si haute reputation, & à vn degré si esleué d'honneur & de gloire, que les Dieux mesmes prenoient plaisir d'y confier leurs interests, tesmoin ce differend notable de Mars & de Neptune, qui a tant exercé ces anciens Orateurs, pour le iugement duquel ils disoient que les Dieux y estoient venus prendre leur place, & que Mars ayant remporté la victoire, cela donna le nom ou plutost la denomination à l'Areopage, car nous voyós nos Roys & nos plus grands Princes, qui sont les images viuantes de la Diuinité, nos Dieux corporels & sensibles, qui veulent que leurs Parlemens soient leurs Iuges & leurs arbitres, non seulement en ce qui regarde les droits de leur Couronne, mais aussi pour les interests les plus importants à leurs personnes ; & nous pouuons dire que de tout temps en ce lieu le plus eminent de la Iustice du Royaume, duquel la renommée s'est espanduë par tout l'Vniuers, on y a veu des Empereurs, des Monarques & des Princes Souuerains se tenir honorez d'y auoir leur seance, & d'y estre protegez.

E ij

Noftre Henry qui a merité feul le nom de Grand parmy nos Roys, protefta hautement en l'affemblée generale tenuë en la ville de Roüen, *qu'il fuiuroit toûjours leurs Confeils, & qu'il fe mettoit luy & fon Eftat en leur tutelle.* Mais s'il eft vray pour terminer ce poinct, par vn argument qui doit tout vaincre & tout emporter, que les Parlemens foient les Peres des Roys, quand il n'y auroit que la caufe de leur inftitution, qui eft de gouuerner le Royaume, comme ce Roy d'Egypte eftabliffant Iofeph Gouuerneur du païs, & luy donnant vn pouuoir Souuerain fur fon peuple, faifoit crier par fes Herauts, qu'il eftoit le Pere du Roy, le Parlement qui eft la Cour des Pairs, eux qui ont l'honneur de declarer nos Roys en leur Sacre, leur donner leur Sceptre & leur Couronne, les conftituer eux mefmes dans le thrône, tellement qu'ils femblent qu'ils les faffent Roys, fi dans la Majorité on leur donne, comme il eft vray, la qualité de Pere, pourroit-on trouuer eftrange, quand mefme celle de Tuteur leur feroit attribuée pendant la Minorité.

Il y auoit vn facrifice, dont parle Paufanias, qui fe faifoit par l'inuocation de certains efprits, où il dit, que les Preftres au commencement ne voyoient que des tenebres, des nuits & des obfcuritez, mais quand les ceremonies eftoient acheuées, ils s'apperceuoient que l'air blanchiffoit peu à peu, que les tenebres commençoient à fe diffiper, les ombres difparoiftre, de forte que s'il reftoit encore quelque nuage, apres tant d'exemples & de preuues illuftres dont ie me fuis foruy, quand l'on aura examiné quel eft l'exercice & la fonction

fonction de nos Ministres qui vsurpent l'authorité Royale. Tout ce qu'il y a d'obscur en cette question si graue & importante, demeurera plainement esclaircy.

Donc apres auoir monstré que nous ne reconnoissons en France qu'vne puissance Souueraine, laquelle nos Rois, pour se descharger d'vne partie de leurs obligations, ont de tout temps communiquée à leur Parlement; d'où vn Ancien l'appelloit excellemment l'œil du Prince, parce qu'il doit esclairer toutes ses actions. Il est aisé de faire voir que le Conseil d'enhaut n'esclatte que d'vne fausse lumiere, c'est cét œil malade que Salomon au 28. des Prouerbes, attribuë à ceux qui ne cherchent qu'à butiner & faire leur profit par des voyes illicites, *Viri festinantes ad substantiam*, comme il y a au texte original, *sunt oculi mali, habent oculum nequam.* Gens que l'ambition desespere, & que la conscience des crimes agite, lesquels ne pouuans trouuer de repos que dans le meurtre & le carnage, se feignent de tous costez des ennemis.

*Bellumque sine hoste.*

Sans considerer que le triomphe des Subjets & des Citoyens, n'est qu'vn faux triomphe, que la force & la valeur degenere en ce rencontre, en vne espece de sacrilege & de mal-heur. Aussi leur premiere demarche, apres auoir preuenu & s'estre rendus maistres de l'esprit de nostre Reyne, par leurs artifices pernicieux & leurs conseils abominables, a esté de luy rendre les deliberations de son Parlement suspectes, parce qu'elles n'ont esté formées que dans les brouillards

& les nuages qui troubloient nostre ciel. Les perles qui sont conceuës en vn iour clair & serain, reluisent d'vne naïue blancheur; celles au contraire qui sont engendrées en vn temps obscur & orageux, filles du tonnerre & des tempestes, ont la couleur ternie, & se ressentent de l'ombre & de l'obscurité.

Mais nostre France doit imputer tous ses troubles à ces nouueaux Genies, puisque n'ayant receu que de benignes influences sous le gouuernement de nos Rois & de leur Parlement, lors que ces faux Soleils se ioignent à leur puissance tout le Ciel est en feu,

*Crebris micat ignibus æther.*

La terre fume de sang, le Royaume est en proye, & ceux qui estoient plus estroittement obligez au seruice du Roy par le deuoir du sang & par le droit de leur naissance, ce sont eux qui employent tous leurs efforts à renuerser son authorité.

L'on a veu autresfois cette Reyne Semiramis, porter en sa bannière vne Colombe qui auoit dans son bec vne espée toute sanglante, de laquelle elle menaçoit son peuple, & dont le Prophete Ieremie au chapitre 46. prioit Dieu de le guarentir, *Reuertamur ad populum à facie gladij columbæ.* Et nous voyons aujourd'huy l'vne des plus grandes Princesses, Regente de la première Monarchie du monde, souffrir que l'on arme les mains innocentes de nostre ieune Roy, comme on dit qu'Helie fut veu en songe succer le feu auec le laict. Et les Egyptiens rapportent de leur Osiris, que sa mére auec la mammelle luy mettoit du fer dans la bouche, estrange spectacle, & bien plus funeste que celuy qui donna sujet à ce beau discours que fist Epiphane au second Concile de Nicée septiesme Oecumenique : l'ay veu, dit-il, le portraict d'vne Princesse de Colchis, laquelle irritée contre ses Subjets, & les poursuiuans le glaiue à la main, le Peintre par son adresse luy auoit partagé & representé le visage de deux diuers aspects; de sorte que luy ayant fait vn œil de fureur, tout flambant, allumé de cholere, il luy adoucist l'autre, parce qu'elle deuoit estre au mesme temps touchée de pitié & de compassion. *Misericordia & furore faciem diuisit, vno oculorum iratam, altero parcentem indicante;* Mais nous pouuons nous asseurer, que tant que nostre Reyne sera persuadée par ces esprits factieux, la douceur & la clemence ne luy partagera iamais ny le visage ny le cœur; ce sont eux qui luy ont fait rejetter les plus humbles remonstrances, ce sacrifice de la bouche que Dieu tesmoigne luy estre plus agreable que tous les autres dans sa cholere, & que l'Escriture appelle, les hosties & les victimes de nos levres, *vitulos laboriorum :* parce que leur dessein a tousiours esté, de faire de la plus puissante Ville du Royaume, au commencement de ce nouueau regne, comme cette ancienne Rome dans sa naissance, la retraitte & l'azyle d'vne troupe d'estrangers & d'inconnus, vn amas d'espaues infames & sans maistre, *aberrantia animalia*, dit nostre Charles du Moulin, *quorum Dominus ignoratur*, peut-estre aussi qu'ils n'en reconnoistront bien-tost point d'autre, que cét insolent Ministre dont la naissance ne nous est pas plus asseurée. Gens qui s'imaginent

F ij

auoir desia l'intendance de toutes les affaires de la Monarchie, parce qu'ils sçauent abuser de la bonté de nostre Reyne, qui en deuroit seule auoir la conduite, plustost que de contreuenir aux loix fondamentales de l'Estat, de n'associer que des François au gouuernement de l'Empire; loy qui ne nous est pas seulement particuliere, mais generale à tous les Estats du monde, *Patriis auspiciis rempublicam administrari debere non alinigenis.* Afin que les mœurs des Subjets ne soient point corrompuës & alterées, par le meslange & la communication d'vn sang si impur & si mesprisable. *Ne seruilis & peregrini sanguinis colluuione corrumperentur,* comme disoit l'Empereur Auguste dans Suetone. De sorte que les Parlemens n'ayans esté instituez que pour maintenir les loix du Royaume en leur authorité, eux qui en sont les loix viuantes & animées: Il est certain qu'ils ont deu s'opposer pour le seruice du Roy, le bien de l'Estat, l'honneur du Royaume, & la reputation du nom François, aux efforts iniustes d'vne puissance estrangere, vsurpatrice sacrilege d'vne authorité innocente, qu'elle veut exercer sur nous dans vne souueraineté tyrannique pendant la minorité.

Nous auons l'Ordonnance de Charles V. laquelle declarant nos Rois Majeurs à l'âge de quatorze ans, leur designe des Conseillers pour leur gouuernement & leur conduite: Mais ce sage Prince, comme i'ay desia monstré, n'a iamais admis aux affaires importantes du Royaume, que sa Cour de Parlement; & de verité, si nous voulons prendre les choses dans leur
source,

sources, & repasser sur les anciennes Coustumes de nos premiers Princes. Nous lisons que les Conseillers qu'ils tenoient prés de leurs personnes, ne seruoient qu'à faire des propositions & des ouuertures, dont les resolutions estoient reseruées à la Cour des Pairs ; & quand les Rois ne pouuoient assister eux-mesmes aux deliberations, ils deputoient ces sortes de Gens pour recueillir les voix & leur rapporter les opinions, puis ils prononçoient eux-mesmes les Arrests, *Consilij latores,* dans *Festus,* distinguez des Iuges, en ce qu'ils pouuoient seulement proposer, & ne iugeoient iamais. Voila le tiltre & la premiere institution du Conseil Priué des Rois, distinct & separé des Princes & du Parlement, Gens qui donnoient ou rapportoient des aduis, descouuroient des aubeines, & seruoient de mouchards & de solliciteurs aux Princes, encore cela n'auoit lieu que dans la Majorité, estant certain que nos Rois Mineurs n'ayant point de volonté constante & determinée, il n'y auoit que les loix de l'Estat, l'esprit de la Republique, qu'appelle Platon πνεῦμα πολιτείας, qui animast & pût faire mouuoir cette puissante machine.

*Totamque infusa per artus*
*Mens agitat molem.*

Et ces loix pour lors estoient obseruées dans leur pureté originaire, en sorte que les Regentes qui ont depuis succedé, venans aujourd'huy à leur donner atteinte, & les destruire par vn Conseil dangereux, & vne administration pernicieuse, l'authorité que le Parlement a de s'y opposer est eternelle, le droit d'y

G

resister perpetuel, imprescriptible, & à iamais durable; On ne prescrit point, disoit Themistocle, contre les Dieux & contre la Republique, les loix de l'Estat ne fleschissent & ne se relaschent iamais. Ce qui a fait dire à Zonare au Liure premier de son Histoire, expliquant le songe de ce Roy de Babylone, & la vision de cette grande statuë, dont le chef estoit d'or, & representoit l'Estat des Assyriens; les pieds qui estoient de fer, le Senat des Romains; non seulement parce qu'il estoit l'appuy & les colomnes de l'Empire, mais à cause qu'il estoit ferme & resolu dedans la rigueur exacte de l'obseruation des loix, & ne fleschissoit iamais non plus que le fer, διὰ δ τῶν νόμων τηρήμενον, quand ie parle de la rigueur des loix, ie l'entend comme en termes de Geometrie, *rigor à recto, rigor suæ rectitudinis nomen accipit*, dans *Aggenus Villicus*, mais laissons-là le terme de rigueur, si on le trouue trop rude, & disons la vigueur des loix fondamentales du Royaume, qui doit seule ranger nos volontez sous leur Empire & leur obeïssance, & qui nous guide à present par vne authorité publique & inuiolable, contre la tyrannie d'vn Ministre qui a desolé toute la France. Quoy nos Rois plus iustes, & plus iustement Rois que tous les Rois du monde, eux dont l'humanité a tousiours surmonté l'authorité, & la bonté surpassé la puissance, ne permettent pas que leurs volontez soient executées, à la pointe des armes, & ont institué les Compagnies Souueraines pour temperer leurs commandemens absolus par leurs prudens Conseils, comme le cœur se sert du cerueau son premier ministre, le siege de la prudence, pour moderer par sa froideur les esprits, en rabattre la chaleur & la vehemence ; & vn estranger agira en France en toute licence & liberté, n'aura que sa volonté pour regle, fera executer ses commandemens au nom du Roy, de puissance absoluë & de plaine authorité.

On dit, & c'est Philon qui le rapporte, que l'on a veu des gens qui s'imaginoient par leur suffisance estre paruenus au dessus de tous les hommes, & qui ont esté chassez & bannis de la societé ciuile pour leur temerité, μέγαν τι ὑπὲρ ἀνθρώποις γεγονέναι δοκοῦσι, καὶ ἐξανθρωπίζονται, mais nous pouuons dire auec verité, que le Cardinal s'est veu au poinct le plus esleué de la grandeur, tel que l'esprit de l'homme ne l'a iamais porté plus haut, ὑπὲρ ἀνθρώποις, & il a esté condamné à la mesme peine, on l'a banny & exterminé. Cét Arrest celebre nous a deslié la langue & leué tout sujet de crainte, car on peut dire icy ce que le Poëte rapporte au sujet de la mort de Mezentius ce Prince des Thirreniens,

*Maxima res effecta viri timor omnis abesto,*
*Nam si non cecidit potuit cecidisse videri.*

Luy en la main duquel estoit tout le commandement, & qui sembloit moins Ministre d'Estat, qu'associé à l'Empire. Comme autresfois le Prefect du Pretoire à Rome, dont la charge estoit si eminente qu'on l'appelloit Empereur, mais sans Pourpré, βασιλεὺς ἀπόρφυρος dans *Eunapius* ; au lieu que nous pouuons dire de nostre Ministre d'Estat, qu'il auoit fait

G ij

de sa charge vn Empire pluftoft accompagné de la Pourpre Royale, que de celle de Cardinal; le pouuoir abfolu qu'il s'eftoit vfurpé, fait qu'il difpofe encore à prefent de la vie & de la fortune des plus grands du Royaume, & croit qu'il a affez de force pour esbranler par fa cheute les plus folides fondemens, & le plus ferme appuy de la Royauté. Force diuine. θεοῦ βίαυ, ou pluftoft felon la traduction des Bafiliques πολυμελίαν, la cholere de Dieu; parce que ces faueurs prodigieufes, ces puiffances effroyables aufquelles chacun fait joug & prefte obeïffance, font des tefmoignages qu'il y a quelque chofe en nos mœurs qui attire fon indignation fur nous. Dieu fufcite quelquefois par vne iufte vengeance ces Puiffances extraordinaires, ces Genies redoutables pour le gouuernement des Eftats, lefquels dans leurs deffeins infinis, & leurs entreprifes qui s'eftendent à tous les fiecles, font femblables à ces grands gouuernails qui fubmergent & qui ne regiffent pas, *Ingentia & enormia gubernacula, mergunt potius quam regunt*: Mais ce qu'on ne pourra conceuoir fans eftonnement, & qui feruira d'exemple funefte & tragique à la pofterité, eft qu'vn homme de neant en fon origine, que la fortune a tiré de la fange, non pas celle qu'on adoroit chez les Atheniens, tenant en main des Couronnes pour les actions vertueufes; mais vne autre à laquelle ils facrifioient tous nuds, fous le nom de defbauchée, τύχη ἀσελγής, *fortuna lafciuiens*. Qu'vn homme de cette qualité ait pû tenir l'vn des premiers Princes de France, malgré fes propres inclinations, malheureufement captif & afferuy à fes mauuais deffeins, ce facré Fleuron de la Couronne, illuftré Rejetton du plus noble & glorieux Tige de la terre, Rameau floriffant de cette branche genereufe de Bourbon, ὄζος ἀρέιος, vn Fils de Mars, & le mefme Sang precieux du premier Monarque du monde, que nous pouuons dire auoir defia furpaffé tous fes Ayeuls en valeur & en courage,

*Nam te maioribus ire per altum*
*Auspiciis manifesta fides.*

Se foit trouué lié & engagé en cette fatale guerre, pour la deffenfe d'vn infame chef de party, dont la Iuftice a profcrit la tefte, & permis à tous les Subjets du Roy de courir fus ; entre lefquels il n'y en a pas vn qui ne voulut renouueller pour luy cette couftume fuperftitieufe des Payens, remarquée par le Scholiafte de Sophocle *in electra*, lefquels couppoient des extremitez de toutes les parties du corps de ceux qu'ils auoient affaffinez, ce qu'on appelloit ἀκροτηριάζειν, & attachoient les morceaux enfemble, qu'ils pendoient à leur col pour en appaifer les furies, ἐκ πρώτος μέρους τοῦ σώματος ἀποτερμιόμενοι, ἐκρέμαντο ἐκ τοῦ τραχήλοῦ. Et c'eft en effect le dernier remede, & l'vnique moyen de fe guarantir de celles du Cardinal. Il y a, dit Artemidore, au fecond Liure des Songes, certaine couleur de Pourpre qui ne prefage que le meurtre à ceux qui la portent, *habet quidam purpureus color confenfum ad cædem*, & c'eft la couleur qu'Homere a toufiours donné à vne mort violente, πορφύρεος θάνατος telle que les perturbateurs de noftre repos doiuent attendre, & particulierement ceux, lesquels sous de faux pretextes, des apparences trompeuses, des conjectures fautiues & hazardeuses, seduisent les Grands, diuisent les Estats, arment les Sujets, ambrasent les Royaumes.

Il est vray que les Princes qui ne sont nez que pour le seruice du Roy, que la haute naissance a mis dedans la sphere de la grandeur, esleuez dans le firmament de la gloire, doiuent tousiours reluire des rayons de leur fidelité, n'auoir rien de plus cher ny de plus precieux, que la deffense des droits du Roy & de son authorité. Si ce bon Roy de Boheme combatit tout aueugle qu'il estoit pour Philippes de Valois en la Iournée de Crecy: Combien plus les Princes du Sang doiuent-ils fermer les yeux, & ne les ouurir iamais aux pretextes quelques specieux qu'ils soient, ny se rendre fauteurs d'vn party qui ruine & destruit la Monarchie, en luy ostant ses Loix & ses Magistrats,

*Peritura troia, perdidit primum deos.*

Eux qui ayment naturellement le bien public, & qui ne sont conduits, comme les anciens Theologiens ont tenu, que par vne secrete influence d'vn esprit superieur qui preside à leurs sages conseils, & ceux qui en voudroient parler autrement, meriteroient la peine de ce Poëte, qu'vn Rheteur disoit auoir esté deschiré & son corps mis en pieces, pour auoir attribué aux Dieux des actions indignes de leur condition & de leur estre.

Ce n'est pas que ie veüille entreprendre de faire icy le procés à Monsieur le Prince, on respecte trop son Sang, quoy qu'on en redoute le courage ; mais ie diray seulement, entant que la necessité d'vne iuste deffense le requiert.

*Parcius ista mihi tamen obijcienda.*

Que si mettant à part toutes ses excellentes qualitez, sa generosité inuincible, ses viues affections & volontez ardentes à la gloire de l'Estat ; il est permis de remarquer en luy quelque defaut, comme les Astres les plus brillants ne laissent pas d'auoir leur tache, bien qu'ils esclattent pardessus tous les autres ; C'est le reproche que l'on faisoit à Cassius dans Tacite, *Obiectum Cassio quod inter imagines suas, effigiem Caij, Coluisset, inscriptam* DVCI PARTIVM : tiltre d'autant plus odieux en la Monarchie, que la diuision & la multitude ne presage que la destruction ; tous les maux qui arriuent dans vn Estat, ne procedent que des diuers partys qui diuise l'authorité & la souueraine puissance : Ce que Platon a si dignement remarqué en l'vne de ses Epistres, quand il a dit, que lors que nous faisons quelque chose de bien, quelque action vertueuse, c'est Dieu sans doute qui donne commencement à l'œuure ; mais quand nous faisons quelque action mauuaise, ce n'est plus Dieu, ce sont plusieurs Dieux qui nous conduisent, pour monstrer que le fondement de tout bien c'est l'vnion. Et si l'on me permet de reprendre les premiers malheurs de nos peres, foüiller dans les cendres de leurs braziers esteints, encore que les Atheniens eussent rayé de leurs Fastes le iour fatal que Neptune & Minerue auoient contesté ensemble de la Seigneurie

H ij

d'Athenes, pour ne rafraischir iamais la memoire des calamitez publiques. Cesar dit en ses Commentaires, que les diuisions entre les Gaulois furent la principale cause de ses Conquestes, & luy donnerent le moyen de vaincre vne nation, laquelle bien vnie estoit inuincible. Vn autre Prince interrogé par Scipion, pourquoy Numance, si forte & si puissante, auoit esté ruinée, ne fist autre responce, sinon qu'elle s'estoit diuisée. Donc s'il est vray pour finir par la premiere maxime de nostre Estat, que les Monarchies ne subsistent principalement que par l'vnité, il n'est pas moins facile de conclure par l'establissement d'vne autre Verité aussi importante, que cette vnité ne peut estre entretenuë & conseruée que par la Iustice. C'est ce qui a fait dire à ce diuin Philosophe au second de sa Republique, que lors que tous les Subjets d'vn Estat sont vnis entr'eux, c'est vne marque que la Iustice les maintient & les gouuerne: D'où il poursuit en vn autre endroit, que l'vn des preceptes escrits au Temple de Delphe, estoit qu'on deuoit honorer & auoir vn singulier respect pour tous les Magistrats. Et l'vn des plus sçauans Historiens Grecs Denis d'Halicarnasse, parlant des premiers mouuemens qui s'esleuerent dans la Republique Romaine, ne les attribuë qu'au mespris qu'elle commençoit de faire de ses Legislateurs. Raison fondée non seulement dans les maximes de la Politique humaine & profane, mais qui se trouue establie dans l'Escriture au 4. des Iuges, lors que cette sage Dame fut appellée au gouuernement du Peuple de Dieu,

& luy

& luy dit, *Ie me suis leuée pour estre vostre mere, & n'ay mon cœur vers les gouuernemens*, ou selon la verité Hebraïque, *les Legislateurs d'Israël*. Exemple auguste pour les Regentes en nostre Monarchie, qui doiuent cherir les Magistrats, & preferer tousiours la qualité de mere du Peuple, à celle que s'estoit acquise cette Princesse Romaine par le mespris des Loix, de mere des armées. Dieu qui a mis les cœurs des Rois dans les mains des Sages, & que nous reconnoissons Protecteur de l'Estat François, destruira les desseins iniustes de ceux qui font porter à nostre Reyne ces noms d'espouuante & de terreur. C'est cét œil de la Iustice Diuine qui decouure tout ce que la malice des hommes tient secret & caché, cette haute Prouidence du Ciel impenetrable aux yeux des hommes, mais neantmoins qui penetre par tout, par la sage conduite de laquelle tous les euenemens du monde sont reglez, qui fera connoistre à nostre Princesse, que le Parlement n'a pour but de son entreprise, sinon de remettre le Roy en liberté par la deffaite des esprits factieux qui abusent de son authorité. Elle reconnoistra que les Arrests rendus contre ces perturbateurs, sont des foudres esclattans de l'amour du bien public; semblables à ceux que les Anciens appelloient Auxiliaires, dont l'approche peut auoir quelquesfois apparence de nuire, mais l'effect est tousiours de secourir. On remarque entre les merueilles des Indes, qu'il y a vne fontaine d'où l'on puise quantité d'or, & au fond se trouue du fer, qui a cette proprieté, que les espées qui en sont faites ne

I

font iamais employées au fang & au carnage, mais feruent feulement à faire ceffer les tempeftes, les vents & les orages, & rendre l'air calme & ferain. C'eft à la faueur de ces armes que nous deuons acquerir l'immortalité de noftre bon-heur, lier les aifles & les pieds à la bonne fortune de la France, & la tenir mieux arreftée que n'eftoit cette Victoire fans aifles chez les Atheniens, ou ce Mars chargé de chaifnes en Lacedemone. Enfin nous pouuons nous affeurer, que cette année heureufe marquée de rouge dans les Faftes des ennemis de l'Eftat, rendra la France le plus efleué Theatre des actions memorables, & qui furpafferont defarmais l'efperance de pouuoir eftre faites, auffi bien que la creance de l'auoir efté.

*Fin de la premiere Partie.*

# IMPORTANTES VERITEZ
## POVR LES PARLEMENS.

## CONSERVATEVRS DES LOIX.

## SECONDE PARTIE.

---

## EXTRAIT DES REGISTRES
## de Parlement.

VEV par la Cour les grand' Chambre, Tournelle & de l'Edit assemblées, les Lettres Patentes du Roy du troisiesme Octobre 1643. par lesquelles ledit Seigneur auroit commis les sieurs de Montescot & le Nain Maistres des Requestes ordinaires de son Hostel, pour proceder extraordinairement contre

I ij

le sieur de Beaufort & ses Complices; sur le fait de la conspiration & attentat à la personne de son tres-cher & tres-amé Cousin le Cardinal Mazarin, circonstances & dependances: Interrogatoires & auditions par eux faits des nommez François Dupont sieur Dauencourt, Florimond, de Monsures sieur de Brassy, Toussaint Rouault, Nicolas Thibouuille, Iean Greuet, Claude Maupassant, Thomas Varin, Pierre Gaillart, Claude Regnauldot, Iean Vautier, François Dandelle sieur de Gausseuille, & René Chenu sieur de Saint Philbert, les 13. 14. 16. 17. 19. 20. 22. dudit mois d'Octobre 1643. 25. 26. 29. Ianuier, 19. 20. & 23. Feurier 1644. Information faite par ledit Commissaire les quatre & six Nouembre audit an 1643. Autres interrogatoires faits par ledit le Nain, en vertu de la Commission du 20. Mars audit an 1644. aux nommez Ioannet la Ralde, Bertrand de Combaut, & Henry le Musnier, les 30. Avril, 1. & 12. May ensuyuant; & par ledit de Montescot à iceux Musnier, la Radde & Combault, comme aussi aux nommez Pierre Vigier & Pierre Durand, les 8. 12. 14. 16. 25. 26. & 27. Nouembre audit an 1644. Confrontation faites par lesdits Commissaires ausdits Dupont & de Monsures, du 27. dudit mois d'Octobre 1643. Autres confrontations faites audit de Gausseuille
le 28.

le 28. dudit mois de Feurier 1644. & aufdits Mufnier, Viger, la Ralde & de Combault, les 22. 23. 26. & 27. dudit mois de Nouembre fuiuant. Autre Arreſt de ladite Cour du 30. Aouſt 1645. par lequel Commiſſion d'icelle auroit eſté octroyée audit Procureur General pour faire informer des faits mentionnez eſdites Lettres, circonſtances & dependances, & à cette fin obtenir monition en forme de droit; ordonné que les teſmoins ouys eſdites informations feroient repetez fur leurs depofitions: comme auſſi iceux Dandelle, Dupont, de Monſure, Roüault, Thibouuille, Chenu, la Ralde, de Combault, Mufnier, Viger, Greuet, Maupaſſant, Gaillard, Thomaſſe, Varin, Regnauldot, Vaultier & Durant, repetez fur leurs interrogatoires pardeuant Meſſieurs Iean Scarron & Michel Ferrand Conſeillers Rapporteurs, pour le tout veu communiqué audit Procureur General faire droit, ainſi qu'il appartiendroit. Procez verbaux de repetition faite par leſdits Commiſſaires en execution dudit Arreſt d'iceux Dandelle, Dupont, de Monſures, Rouhaut, Thibouuille, la Ralde, de Combaut, Mufnier, Viger, Greuet, Maupaſſant, Gaillard, Thomaſſe, Varin, Regnauldot, Vaultier & Durand lors priſonniers au Chaſteau de la Baſtille, fur tous leurs interrogatoires, les 18. 19. 22. 23. & 25. Septembre audit an 1645. Autre

procés verbal de repetition par eux faite les 17.
dudit mois, & 6. Octobre suiuant, de Simeon La-
uenet, Anthoine Fricquet, Anthoine Maruc, dit
Largentier, & de Gaspard du Quesnoy, tesmoins
ouys en l'information desdits 4. & 6. Nouembre
1643. sur leurs depositions information faite par
lesdits Commissaires en execution dudit Arrest,
le 28. dudit mois Septembre. Autre procés verbal desdits Commissaires du 11. Decembre audit
an 1645. contenant l'audition dudit Combault
sur sa requisition & missiue par luy representée,
paraffée ne varietur. Procés verbaux d'eslargis-
sement desdits de Combault, Brassy, Ganseuille,
& autres cy-dessus nommez. Requeste presentée
à la Cour par ledit sieur de Vendosme Duc de
Beaufort, le 14. du present mois, à ce que pour les
causes y contenuës, il fut, entant que besoin seroit,
receu appellant, tant comme de Iuge incompetant
qu'autrement, de toutes les procedures faites par
lesdits Maistres des Requestes. Comme aussi de la
procedure faite en execution de l'Arrest dudit 30.
Aoust, & mesmes opposant à l'execution d'ice-
luy & faisant droit, tant sur lesdites appellations
qu'oppositions, casser les procedures faites par lesdits Maistres des Requestes, & infirmant celle
faite en execution dudit Arrest, renuoyer ledit
Suppliant absous de l'accusation contre luy inten-

tée, sans preiudice de ses droits & actions à l'encontre dudit Cardinal Mazarin & autres, aux fins de reparation, despens, dommages & interests. Conclusions du Procureur General du Roy, Tout consideré dit a esté, Que la Cour a enuoyé ledit de Vendosme Duc de Beaufort, absous de l'accusation contre luy intentée. Sauf à se pouruoir afin de reparation, despens, dommages & interests, contre qui & ainsi qu'il verra estre à faire deffenses au contraire. Fait en Parlement le quinziesme Ianuier mil six cens quarente-neuf.

Signé, GVYET.

APRES le glorieux tesmoignage que vient de rendre le premier Parlement de France, à la vertu & au merite de Monsieur le Duc de Beaufort ; ie puis bien à l'imitation d'Homere qui a meslé, le langage des hommes auec les Oracles des Dieux, orner de quelques fleurs de paroles, & faire reluire à la posterité par des considerations toutes publiques, l'innocence & la iustification d'vn Prince, qui nous fait gouster chaque iour les fruits delicieux des seruices importans qu'il rend à nostre Estat en tant d'occasions memorables, ou plustost desployer en sa faueur tous les Eloges d'honneur & de loüanges, puis qu'il ne s'espargne point à produire tant d'actions loüables, & qu'il signalé tous les iours de sa vie, d'autant d'actes fameux & dignes de memoire.

Encore qu'il semble que la vertu toute pleine d'elle-mesme, remplie de ses propres biens, & riche de ses ornemens particuliers, n'ait point besoin de gloire exterieure pour se recommander, qu'elle soit son plus ample theatre, son triomphe, sa victoire & son prix tres-digne, & qu'elle n'ait point de plus belle Couronne que celle qui est tissuë de ses branches, & esmaillée de ses propres fleurs; neantmoins il faut aduoüer que c'est vn beau lustre aux actions vertueuses, que la splendeur & la celebrité publique: Car comme les couleurs qui sont les plus rares ornemens de la nature, si viues & esclattantes qu'elles soient, demeureroient neantmoins comme esteintes, & ne donneroient aucun plaisir aux yeux, si la lumiere, ce present admirable de la Diuinité, ne nous en descouuroit les perfections & singularitez: Ainsi les plus beaux exploits, les plus hautes & heroïques actions, demeureroient enseuelies dans les tenebres, si elles n'estoient esclairées de la lumiere publique, & particulierement de celle qui reluit dans le Temple auguste de la Majesté sacrée de nos Rois, ce grand Senat de la France qui est le plus bel ornement de l'Vniuers. C'est là où l'on donne le poids à la vertu & au merité, non point ce poids profane & vulgaire, mais celuy du Sanctuaire auquel Dieu vouloit qu'on mesurast les choses qui luy estoient offertes en sacrifice. C'est dans ce lieu proprement, que la verité & l'innocence a le throsne de sa gloire; les labeurs honorables,

norables, & les sueurs pretieuses des hommes vertueux y reçoiuent leurs Couronnes. Mais comme la rosée que l'on void sur les fleurs, n'est de soy qu'vne goutte d'eau vile & mesprisable, si le Soleil jettant ses rayons ne luy fait prendre l'esclat des perles & des plus riches pierreries : Ainsi l'innocence & la vertu ne paroist qu'vne goutte sans esclat & sans lustre, si cét Astre brillant de nostre Monarchie ny jette ses rayons, & qu'elle ne soit esclairée, ou pour mieux dire, animée de la splendeur d'vne reception & approbation publique.

C'est sous ces heureux auspices que i'entreprend en cette seconde Partie de consacrer à tous les siecles, la deffense d'vn ieune Prince qu'vn PERNICIEVX CONSEIL a voulu perdre en naissant, le soustraire à la France, & luy susciter de faux accusateurs pour le tenir caché dans l'ombre & dans l'obscurité, l'enseuelir tout viuant en la premiere saison de sa vie, & luy donner des Commissaires interessez & partisans de sa ruine pour le sacrifier, comme si la fortune enuieuse de sa grandeur eust pris ses aduantages, & l'eust voulu attaquer en vn temps que sa vertu ne pouuoit faire aucune resistance, à l'empire absolu du Cardinal qui regnoit trop insolemment.

Ceux qui ont desploré la naissance & la condition miserable de l'homme, ont dit qu'ayant violé son estat d'innocence, il auoit fait de la vie la porte de la mort ; c'est pourquoy la premiere ouuerture qu'il fait de la bouche & des yeux, c'est pour donner yssuë & aux cris & aux larmes. Et quant aux Anciens

L

qui n'ont pas esté esclairez de la lumiere de la Religion, n'ayans marché que dans la sombre clairté de la nature, ils se sont indignez contre elle sur ce sujet. Pline entr'autres en sa Preface du Liure septiesme; N'est-il pas estrange, disoit-il, que l'homme commence sa vie par les supplices, sans auoir commis autre crime sinon qu'il est né. *Iacet pedibus manibusque deuinctus flens animal cæteris imperaturum, & in ipso lucis rudimento torquetur, hanc solum ob culpam, quòd natum est.* Le Cardinal a esté assez ingenieux, & a eu assez d'artifice & d'adresse, mais assez de malice pour encherir sur toutes les peines & les supplices ausquels l'homme est exposé en naissant, & inuenter vn nouueau genre de misere, qui est de conspirer contre la liberté que Dieu luy a donné dans sa naissance, & luy faire traisner pendant cinq ou six ans vne vie miserable & languissante.

Quand le Promethée des Poëtes a destrempé dedans ses larmes la terre & le limon, duquel on dit qu'il vouloit former l'homme, pleurant en sa naissance les miseres qui le suiuent iusques à la mort; il n'a point pensé à vn accident si funeste & lamentable, que de tomber entre les mains d'vn Ministre cruel & barbare, alteré d'vn desir execrable d'estouffer tous ceux qui pourroient s'opposer à ses efforts, luy disputer la puissance & l'authorité. Et au lieu que les Anciens auoient accoustumé, si-tost qu'vn Prince estoit né, de l'estendre par terre, *Vt terræ contactu laboris & duræ conditionis primordia libarent*, comme dit *Censorinus de die natali*, mais ils le reueloiët aussi tost.

*Tellure cadentem*
*Excepi fouiqu: finu.*

Y ayant vne Deeſſe deſtinée à cét office, qu'ils appelloient pour cela *Leuana* : mais celuy-cy a voulu eſcraſer ce ieune Prince contre la terre, au lieu de le releuer l'enfoncer encore plus auant dedans les tenebres, dedans l'obſcurité, pour en faire perdre, s'il euſt eſté poſſible, à iamais la memoire, l'arracher de la face de la terre, en ſorte qu'il n'en fut iamais parlé.

*Et primo in limine vitæ*
*Principis heu miſeri naſcentia rumpere fata.*

Voila le tiltre & l'eloge de l'accuſation capitale, contre ce laſche vſurpateur de l'authorité Royale: *Titulus criminis*: Et comme on dit en Droict, *actio inſcripti maleficij*. C'eſt le ſujet graue & important de ce ſecond Diſcours, dans lequel ie ne m'arreſteray point à releuer par des conſiderations particulieres, le merite d'vn Prince dont les Peuples aujourd'huy conſacrent la vertu: Comme les ſtatuës de ces grands Heros eſleuées à la veuë d'vn chacun, n'auoient point beſoin d'inſcription pour eſtre reconnues: Mais tout mon deſſein eſt de faire voir, quoy que dans la baſſeſſe d'vn langage peu conuenable à la dignité des matieres que ie traitte, que.

Si on reçoit en France les accuſations ſecretes, les delations myſtiques & cachée; ſi l'on permet les empriſonnemens ſans formes, & que l'on arrache le glaiue des mains des Cours Souueraines, pour le confier à des Commiſſaires & des Iuges deleguez, qui n'ont ny tiltre ny caractere; c'eſt eſtablir dans l'Eſtat politi-

L ij

que, vne inquisition aussi pernicieuse que celle que l'on a introduit dans l'Ecclesiastique. Et pour disposer toutes mes raisons à l'exemple de ces bataillons d'Homere, qui ont tousiours en teste ce qu'il y a de plus fort, ie les reduits à monstrer,

Qu'il y a bien vne espece de iustice, laquelle nous estant donnée d'enhaut, peut estre exercée icy bas par tous les hommes; mais que la puissance du glaiue accordée priuatiuement aux Princes & aux Monarques, & deposée par vn ordre inuiolable de tous les Estats, entre les mains des Compagnies Souueraines, ne peut estre communiquée par les Rois à des Iuges bottez, *que pour faire des meurtres & des assassinats*.

Quant à la premiere proposition, les Poëtes ont feint que la Iustice estoit fille de Iupiter & d'vne Deesse, pour nous faire entendre par leurs fictions fabuleuses, que ce n'est pas vne chose humaine, qui se trouue en la nature de l'homme, introduite par l'ordonnance des peuples : Elle prend son origine du Ciel, & est grauée dans nos cœurs de la propre main de Dieu; les opinions & les iugemens dont nous nous seruons, estans vne autre espece de Iustice aussi ils sont non seulement differens, mais souuent contraires; parce que les loix des hommes, les mœurs & les coustumes, varient selon la diuersité des païs.

*Sic alias aliud terras sibi vindicat astrum,*
*Idcirco varias in leges atque figuras*
*Dispositum est genus humanum.*

Ces loix diuerses selon la diuersité des peuples, ne sont point la vraye Iustice, elle est d'enhaut, c'est du Ciel

Ciel & de l'inspiration de Dieu qu'elle procede. Aussi Proclus disoit, qu'elle auoit son thrône & son siege au milieu du Soleil. Et les anciens Commentaires d'Aratus la faisoient fille du pere des Estoiles, luy assignant sa place sur la porte du Ciel; & bien qu'il semble qu'elle reside en terre en la personne des Rois, & que par leurs Magistrats & Officiers, comme par des canaux sacrez, elle s'espande par tous leurs Estats, neantmoins son origine est toute celeste, & ce beau rayon de Iustice, comme ceux du Soleil, encore qu'il touche la terre, demeure tousiours au lieu d'où il est enuoyé. C'est pourquoy les Lyciens representoient & figuroient la Iustice par vne fille assise sur vne pierre carrée, & qui auoit la teste dans le Ciel. Mais laissons-la ces profanes pour escouter la Sapience Diuine, qui dit elle-mesme par la bouche de l'Autheur de ce Liure sacré, auquel elle a donné son nom, que c'est elle qui a produit la Iustice; Ie suis, dit-elle, la viue source de l'equité, la rectitude est mon propre ouurage, & ie me plais d'estre appellée principalement du nom de Iustice, comme du plus necessaire & du plus noble organe dont ie me sers en l'administration du monde. La Iustice a esté le principal instrument qui a formé cette admirable machine, car apres la creation de la premiere matiere, rude & confuse, toutes choses estans errantes & desordonnées, les Elemens informes dedans ce vaste abysme, la terre pleine d'obscurité, tout estant remply de desordre, de trouble & de confusion; Dieu par l'egalité de sa Iustice, ordonna toutes choses conformément

M

à leur naturel, distingua la lumiere des tenebres, assembla tous les Elemens par des proportions de similitude & d'harmonie, faisant compatir ensemble tant de qualitez diuerses & contraires; de sorte que quand il a plu à Dieu sortir de son Eternel sejour, & de ce repos incomprehensible à nos sens, pour faire paroistre sa puissance infinie en la creation de l'Vniuers, nous voyons que cette Iustice a esté l'instrument precieux dont il s'est seruy pour la construction du monde; c'est le beau discours que fait la Sagesse à cét Ouurier Eternel, descriuant elle mesme l'Histoire de ses ouurages, lors qu'elle luy dit, Qu'il tenoit la balance en main, quand il crea le Ciel & la Terre. Il pesa, dit-elle, les Elemens, il pesa la Terre, la balançant auec ses trois doigts sacrez, sa Puissance, sa Iustice & sa Prouidence; Ce qui a sans doute fait dire à Platon, lequel Clement Alexandrin nous asseure auoir puisé les plus beaux secrets de sa Philosophie, des Hebreux & des Liures Saints; que Dieu auoit establi toutes choses en leur estre, par certains nombres & proportions harmoniques, luy ayant fait prattiquer en la Creation du monde, l'Arithmetique & la Geometrie; & puis expliquant cela, il adjouste, que Dieu assis & colloqué en la nature sur de saints fondemens, a parfait toutes choses selon le droit & la iustice: tellement que les Oeuures de Dieu en la Creation du monde, n'ont esté qu'vne Iustice continuelle qu'il a exercée; & comme elle est le vray principe du monde elementaire, aussi le monde ciuil & politique, qui consiste en l'establissement

& gouuernement des Citez, Prouinces, Republiques & Monarchies, n'a esté formé que par la Iustice, & ne se regit & gouuerne que par elle ; car après la structure & composition admirable de l'homme, qui est l'image de ce grand monde, le recueil & l'abbregé de tout l'Vniuers ; elle s'est encore fait paroistre comme la principale ouuriere en cette symmetrie si iuste & si exacte de toutes les parties du corps, & de tous ces membres diuers, mais si bien proportionnez qu'ils s'entr'aydent mutuellement, & conspirent ensemble en vn si bel accord & vne proportion si conuenable ; tant des parties entr'elles, que de chacune à leur tout, qu'Hippocrate a dit, qu'il n'y auoit point de Iustice pareille à celle de la nature δικαία φύσις, & c'est celle-là que i'entend que tous les hommes peuuent exercer entr'eux, & à laquelle ils doiuent composer toutes leurs actions, se rendans des assistances mutuelles, & des seruices reciproques. Mais nous distinguons vne autre Iustice, à qui Dieu a donné la conduite & direction des peuples ; c'est elle qui esleue les Royaumes à leur plus haut degré d'honneur, qui les rend glorieux & triomphans, & soufmet à leur Empire les nations de la terre : Ce qui a fait dire à vn graue Autheur de l'Antiquité, que les Romains auoient plus conquis de Prouinces par le bras de leur Iustice, que par la terreur de leurs armes ; C'est cette Iustice qui fait regner les Rois, qui affermit leurs Sceptres & leurs Couronnes, maintient les peuples en leur obeïssance ; c'est la Patrone tutelaire de nostre Ville, l'heureux Genie de nostre Estat ; sans elle le Royaume ne seroit que brigandage, les Prouinces que forests, les maisons que cauernes; elle guarentist les peuples de l'outrage, de l'oppression & de la tyrannie; & comme le monde ne pourroit pas subsister, si le Soleil, qui est quasi la seule cause de toutes les productions naturelles, ne tournoit à l'entour pour espandre par tout la splendeur de sa viue lumiere; Aussi si ce bel astre des polices humaines,

*Lux immensi publica mundi.*

ne roulloit continuellement dedans ce Zodiaque animé de la societé ciuile, viuifiant toutes choses par sa diuine chaleur, nous ne pourrions pas viure. Et quand vne autre main que celle du Parlement en a pris la conduite, nous auons veu tout le Royaume en feu, & les Villes reduites en cendres.

*Neque enim igni fero quisquam consistere, in axe*
*Te valet excepto.*

C'est vous qui estes seul depositaire de ce feu sacré, Gardien fidele du repos commun, & de la tranquillité publique. Vous, dis-je, le plus illustre corps de nostre Empire, estably par les Loix de la Monarchie pour temperer la puissance & l'authorité Souueraine des Rois, puissance inseparable de la Iustice, car c'est la Iustice mesme, laquelle par consequent est vne & indiuisible, & ne se peut produire au dehors que par les organes qui luy sont propres & naturels: I'entend le Parlement & les Compagnies Souueraines, en sorte que les Commissaires & les Iuges deleguez, soient plustost les instrumens de la vengeance & de la cholere, les organes de l'iniquité, que les dispensateurs

d'vne

d'vne puissance légitime, laquelle les Loix de l'Estat ne leur permettent pas d'exercer : car s'il est vray que la punition des crimes est le principal fondement des polices humaines, l'entretien salutaire de la societé des hommes, & qu'on ne punit mesme dans l'Estat, que les actions qui tendent à le destruire, & entant que la Republique seule en est offensée ; parce que le glaiue, disoit vn Ancien, n'a pas esté donné aux Magistrats pour vanger la querelle des Dieux, mais pour procurer la paix entre les Citoyens ; & de verité quand nous punissons vn crime, bien souuent il ne l'est plus deuant Dieu, nos peines & nos supplices ne vont qu'à l'exemple, & la condemnation fait seule le criminel parmy les hommes, & deuant Dieu c'est l'action : ce que l'on peut remarquer en passant pour dire, que si les iugemens des hommes dans l'establissement des Estats, font les coupables & les innocens ; si les supplices & les condemnations, les recompenses & les absolutions, ne partent que de leurs bouches ; combien nous est-il important de ne pas commettre la vie, l'honneur & les biens des Princes & des grands du Royaume, non pas mesme des moindres Subjets, à la passion d'vn Iuge qu'vn ennemy aura prattiqué, & qu'vne Commission extraordinaire ne rendra tousiours que trop odieux & suspect, puis qu'il n'y en a pas vn qui ait pû dire iusqu'icy auec Seneque, *Procedam in tribunali non infestus, sed vultu legis,* Loy qui est sans passion & sans affection, ἄνευ ὀρέξεως, dit Aristote ; mais plustost comme nous lisons dans Tertullien, de ceux dont la haine & l'animosité formoient les iugemens, *Cæcitate odij in suffragium impingunt.* Ce n'est pas que ie veüille pretendre qu'on ne puisse agir & poursuiure criminellement, que dans les Cours Souueraines, ou deuant les Iuges ordinaires. Ie sçay que les Commissions & les Delegations sont aussi anciennes que les Iurisdictions, mais nous y apportons ce temperament qu'elles ne peuuent estre considerées, & qu'on les doit rejetter comme pernicieuses & tyranniques, si elles ne sont emanées des Parlemens. Nous remarquons dans Tite-Liue en la troisiesme de ses Decades, que Licinius ayant esté fait Preteur, eust Commission du Senat pour connoistre de l'accusation de Popilius : Et le mesme Autheur rapporte, que deux Senateurs furent deleguez pour faire le procés à ceux qui auoient esté preuenus de l'impieté des Bacchanales, entre lesquels ils renuoyerent au Senat le President de la Prouince qui s'y trouua engagé. Tacite au sixiesme de ses Annales dit, que Neron fut subrogé de l'Ordonnance du mesme Senat, au lieu de Minutius Preteur Peregrin, pour faire le procés aux empoisonneurs dedans la Ville de Rome & aux enuirons, & que Terentius constitué en pareille charge & dignité que Neron, fut commis pour proceder extraordinairement contre Scipion accusé de peculat. Ces Iuges choisis de la main des Sages, *lecti iudices,* bien differens de ceux que les Tyrans enuoyoient auec pleine puissance, estoient autant de rayons de ces Soleils animez, & leurs iugemens portoient cette necessité de ne tomber iamais en tenebres, les Com-

missions du Senat faisoient partie de son authorité;
Ce qui a fait dire à vn ancien Iurisconsulte, qu'il est
des Iuges deleguez, c'est vne comparaison assez propre, comme des pieces d'vn crystal & d'vn miroüer
diuisé, chaque petit esclat resserre en soy la mesme
espece, la mesme image & impression que le corps
entier de la glace; Les Commissaires comme tous les
Magistrats, representent la personne du Prince, ce
sont des miroüers de la Majesté Royale; mais auec
cette difference que les vns rendent tousiours fidellement sa veritable espece, & les autres l'alterent &
la corrompent. Glaces perfides & menteuses, qui ne
representent point la naïueté de son visage, & ne des-
couurent à nos yeux que sa cholere, sa vengeance &
sa fureur. La France qui a seule entre tous les Estats
le priuilege d'estre miserable, car c'est ainsi qu'*Eume-*
*nius* en parle à l'Empereur Constantin, *Sola Gallia ha-*
*bet priuilegium miseriarum, alibi cœpit illud priuilegium,*
*alibi destitit, in sola Gallia stetit,* s'est veuë de temps en
temps le theatre des plus sanglantes tragedies, & n'a
pas encore beu le sang que les derniers Commissaires establis par le feu Cardinal, ont si largement res-
pandu: L'on me permettra bien d'interrompre icy
son repos, puis qu'il a si bonne part dans nostre Histoire, comme ayant esté Chef principal de cette
troupe sacrilege, laquelle violoit impunément sous
son authorité les Ordonnances les plus saintes, & les
Loix capitales de nostre Royaume, de n'admettre à
la poursuite des crimes que Monsieur le Procureur
General ou ses Substituts, & ne donner pour Iuges

aux accufez, que les Officiers des Iurifdictions ordinaires, & des Cours Souueraines. C'eſt l'vſage vulguaire, & le droit le plus commun de la France, eſtably par les anciennes Ordonnances, & renouuellé de temps en temps par nos Rois; l'Ordonnance de l'an 1539. article 145. eſt notoire, qui dit, que ſi-toſt que la plainte d'vn crime aura eſté faite, il en ſera informé, pour l'information faite & communiquée à noſtre Procureur, c'eſt le Roy qui parle, & veu les concluſions, qu'il ſera tenu de mettre au bas de l'information, eſtre ordonné ce que l'on verra eſtre à faire, ſelon l'exigence des cas.

Que l'on voye tous les Arreſts de reglement, rendus entre les Officiers des Preſidiaux, ils portent tous qu'il ne pourra eſtre decerné aucun decret, d'adiournement perſonnel, ou de priſe de corps, ſans qu'au prealable les Subſtituts de Monſieur le Procureur General, n'ayent eu communication des informations, & donné leurs concluſions ſur icelles.

Nous auons dans le vieux ſtile de proceder du païs de Normandie, vne Ordonnance tranſcrite du Roy Loüis XII. de l'an 1498. en ces termes: Que les Baillifs & Vicomtes procederont diligemment à voir les informations, & pour donner Commiſſions ſur icelles, appelleront nos Aduocats & Procureur pour les leur communiquer; & ce fait, apres deliberation par eux priſe ſur leſdites informations, ſera fait vn dictum par eſcrit, contenant les prouiſions tant d'adjournemens perſonnels, que de priſe de corps.

Et pour les Parlemens, il y a vne Ordonnance du
Roy

Roy François I. de l'an 1535. chapitre 13. article 8. qui porte, auant les informations rapportées, elles seront veuës par nostre Procureur General pour y bailler ses conclusions.

Toutes matieres criminelles doiuent estre communiquées à Monsieur le Procureur General, c'est luy qui a la poursuite des crimes, à qui appartient l'accusation & la vindicte publique.

Par la Loy de Solon il estoit permis à vn chacun de prendre & espouser la querelle de celuy qui auoit esté offensé dans la Ville d'Athenes, & si le moindre Citoyen auoit esté outragé en son corps, en son honneur, en ses biens, chacun pouuoit faire appeller en Iustice celuy qui auoit commis l'iniure, & le poursuiure aussi asprement comme s'il l'auoit receuë luymesme, afin d'accoustumer les Citoyens à se ressentir du mal les vns des autres, comme d'vn membre commun de leur corps qui auoit esté blessé. Ainsi à Rome, les actions publiques estoient permises à vn chacun, & pour cela on les appelloit populaires.

En France toutes ces actions publiques appartiennent à Monsieur le Procureur General, tout ce qui concerne le public reside en sa personne, il est subrogé au lieu de ceux lesquels en l'estat populaire des Romains, accusoient les autres sans interest particulier : de sorte que parmy nous Monsieur le Procureur General est le seul & vray accusateur des crimes, c'est pourquoy en la poursuite extraordinaire des delits, les parties ne pouuans conclure que ciuilement, la vengeance & la punition publique est laissée à

O

Monsieur le Procureur General, & l'on ne peut faire aucun decret d'adjournement personnel, ou de prise de corps, sans que les informations luy ayent esté communiquées, & qu'il ait donné ses conclusions, n'y ayant en France ny Censeurs ny Tribuns, le Procureur General fait toutes ces fonctions, il a l'esgard & l'inspection sur tout ce qui concerne le public. Et dautant que les affaires criminelles sont publiques, ἐγκληματικαὶ ὑποθέσεις δημόσιαι, dit Balsamon sur le Canon 6. du Concile de Constantinople 7. Oecumenique, il est tousiours partie; & au lieu qu'à Rome les Arrests & les Decrets du Senat, ausquels le peuple auoit interest, estoient marquées d'vn T, pour monstrer que les Tribuns y auoient consenty, *Senatusconsultis*, disoit Asconius, *littera T, adscribi solebat, eaque nota significabatur Tribunos consensisse*: En France aux affaires publiques, aux causes criminelles, on ne se contente pas de marquer les Arrests d'vn P, pour dire qu'elles ont esté communiquées à Monsieur le Procureur General, mais on fait mention expresse de ses conclusions, & l'on ne peut agir autrement sans enfraindre & violer les Ordonnances, renuerser toutes les regles, & peruertir tout ordre legitime & iudiciaire. Apres cela souffrirons-nous des Commissaires qui ne distinguent, ny la qualité des actions, ny les formes prescrites par les Ordonnances, n'ayans autre but de leurs iugemens, que de venger ceux qui leurs mettent en main la puissance, puis que par les Loix du Royaume ils se reconnoissent eux-mesmes suspects & incompetens. S'il est vray ce que dit Ariſtote, que la Loy inique ne doiue point eſtre appellée Loy, mais iniquité, des iugemens comme ceuxlà rendus contre les formes ordinaires, par des Iuges intereſſez d'affection, & portez de paſſion ; ce ne ſont point iugemens, οὖ δικαιώματα ἀλλ' ἀδικήματα, ce ſont pluſtoſt iniures & iniuſtices.

Mais ie paſſe bien plus auant, & ſouſtiens que des gens de cette qualité, leſquels ſans Commiſſions deuëment verifiées, entreprennent de faire actes de Magiſtrats, & exercer la puiſſance Souueraine, ſont criminels de Leze-Majeſté, que toutes leurs pourſuites ne ſont que voyes de fait, des excés & des attentats, & qu'on les doit punir de mort. La Loy 3. ff. ad leg. Iul. maieſt. eſt expreſſe & diſerte : *Qui priuatus pro magiſtratu, poteſtate ne ſe geſſit lege Iulia maieſtatis tenetur.* Auſſi la premiere Loy qui fut publiée dans l'interregne des Romains, que Plutarque a remarquée en la vie de Publicola, eſtoit de n'entreprendre d'exercer aucun Office ſans conceſſion particuliere du peuple, à peine de la vie. Il eſt vray que la pluſpart de ceux que l'on employe à faire ces maſſacres, eſtans perſonnes peu connuës, qui agiſſent ſecrettement, & frappent ſans paroiſtre, on ne peut s'adreſſer à eux que difficilement. Mais il faut demeurer d'accord, que ſi la voix du ſang de tant de gens qu'ils ont aſſaſſinez, a penetré, comme l'Eſcriture Sainte nous aſſeure, iuſques au Tribunal de Dieu meſme, & attiré ſur nous tous les orages & les tempeſtes que nous auons iuſqu'icy eſſuyez : Il eſt ſans doute, de la pieté & de la religion des Parlemens, de reuoir les procés

O ij

& venger leur memoire, s'attaquer aux iugemens qu'ils ont rendus, iuger leur Iustice, puis que c'est tout ce qui nous reste d'abolir des actes si cruels & si sanglans.

Il y auoit vn sacrifice que l'on faisoit en la Grece à Iupiter πολιδὶ, dont la forme estoit telle, que le peuple estant assemblé dans le Temple, la Victime posée au deuant de l'Autel pour estre immolée & sacrifiée, dés gens inconnus sortoient de la presse, lesquels se coulans subtilement, & se meslans parmy les Prestres & Sacrificateurs, frappoient la Victime auec tant d'adresse & de subtilité, que la blessure estant plustost apperceuë que le coup n'en auoit esté preueu; & eux se retirans habilement, & laissant le cousteau sur la place, l'on accusoit le fer & le glaiue, suiuant la Loy du païs, qui permettoit la peine & la punition des choses inanimées, on appelloit le cousteau en iugement, & on luy faisoit son procés, pour auoir troublé l'assemblée & empesché la ceremonie du sacrifice, τοὺς ἄνδρας ὡς ἔδρασαν ὃ ἔργον, οὐκ εἰδότες, ἐς δίκην ὑπάγουσι τὴν πέλεκυν. Ainsi que Pausanias rapporte en la description de l'ancienne Grece. Voila les couleurs les plus naïues dont on puisse depeindre l'ordre & la façon de proceder, que tiennent nos Commissaires; lesquels se meslent subtilement parmy les Iuges Souuerains, nous frappent & se retirent, & laissans là les armes dont ils nous ont blessez ; i'entends ces actes iniurieux, ces condemnations barbares dont ils ont troublé toute la societé ciuile; C'est contre ces instrumens inanimez, mais qui ne sont que trop

sen-

sensibles, que les Iuges Souuerains doiuent conspirer & faire le procés; ce sont ces iugemens, ennemis de la Iustice, laquelle le Sage disoit estre tousiours accompagnée d'humanité: δεῖ τὸν δίκαιον εἶ) φιλάνθρωπον, que les Magistrats doiuent immoler à la vengeance publique.

Les Romains auoient accoustumé, dans la rencontre d'vn accident funeste, & de quelque mal-heur arriué à ceux qui se presentoient deuant les Iuges pour imprimer plus sensiblement l'image de leur misere, de faire des tableaux où leur infortune estoit depeinte, qu'ils exposoient en iugement; *Vidi depictas in foro tabulas supra Iouem*, c'estoit le lieu où ils les attachoient, *in imaginem rei cuius atrocitate iudex erat commouendus*, afin que par de secrets mouuemens d'indignation que pouuoit exciter en leur cœur vn si triste spectacle, ils fussent mieux persuadez de l'estat deplorable de leur condition. Ie n'aurois qu'à representer icy ces supplices nocturnes, que les emissaires du feu Cardinal tenans la Chambre de Iustice, car c'est ainsi qu'ils l'appelloient, ont prattiqué les premiers dans le Royaume, à la honte & au mespris des Loix, *Quid tam inauditum*, disoit Seneque au 3. de *ira quam nocturnum supplicium sola tenebris abscondi debent latrocinia, & animaduersiones innotescere ad exempla*. La France l'a souffert dans vn temps que tous ses Magistrats accablez sous le poids de la plus haute tyrannie que iamais Ministre ait exercé dans l'Estat, n'auoient pas mesme la voix libre pour luy dire auec ce Declamateur, *Age prætor interdiu, occide in foro, erubescunt*

P

*leges ad lucernam agere:* Mais si le sang de tant de miserables pour auoir coulé dessus les eschaffauts, n'est pas moins pur & innocent, ne le rendons point coupable par le silence, & ne luy refusons pas le remede qu'il peut attendre de l'authorité de la principale Cour Souueraine; la reuision des procés en matiere criminelle, est vn remede de droit que les Grecs ont prattiqué les premiers, & l'appelloient παλινδικία, *Iudiciorum retractatio,* terme dont se sert Herodian, *in maximino,* parlant des reuisions que le Senat accordoit à ceux que l'on auoit iniustement condamnez, lors que c'estoient des Iuges recusables & incompetens, car en ce cas il n'estoit pas besoin de lettres du Prince; & Hesychius sur le mot αναδικει, dit que cela auoit lieu particulierement dans les causes publiques qui regardoient l'Estat: διὰ τὰς πολιτικὰς αἰτίας, dont il n'y auoit que le Senat qui pût connoistre, pour monstrer que c'estoit vn moyen legitime, de reprimer les attentats faits à son authorité. Moyen que les Romains, lesquels ont puisé les maximes les plus pures de leur politique chez les Grecs, ont depuis employé contre les iugemens de ceux que l'on pouuoit valablement recuser: *Si conspiratione aduersariorum, & falsis testimoniis oppressum te probaueris,* c'est en la Loy *Diuus Adrianus, ff. de re Iudicata, res seuere vindicetur, facta in integrum restitutione,* c'estoit assez de dire; Vous estes establis de la main de mes parties, & conspirez ensemble ma ruine, elles vous ont armé pour me destruire; vous n'estes point des Iuges, mais des meurtriers. Aussi auons nous nos exemples particuliers & domestiques de la seuerité, auec laquelle le Parlement a tousiours vangé la memoire de ceux que l'on auoit iniustement suppliciez. Les anciens Registres de la Cour font mention d'vn Arrest rendu en 1408. contre le Preuost de Paris ou son Lieutenant, pour auoir condamné à mort, & fait executer deux ieunes hommes, nonobstant les causes de recusation par eux proposées, les parents en ayans poursuiuy l'apel au Parlement, & les causes de recusation declarées bonnes & valables. Arrest interuint, par lequel il fut dit, qu'il auoit esté en tout & par tout mal & nullement procedé, iugé & sententié : le Preuost de Paris condemné à dependre les corps en personne, & en les dependant les baiser à la bouche, & assister à leur Conuoy. Digne Oracle d'vn Parlement, lequel seul entre tous les autres, n'a iamais esté susceptible de reproches, non pas mesme pour les parentez, il a tousiours deposé toutes affections, iusques à celles du sang. Ces viues Images, qui font des impressions si douces & si agreables, qu'elles peuuent quelquesfois nous diuertir insensiblement du droit chemin de la verité ; neantmoins ce Senat Auguste s'est tousjours maintenu en cette reputation, de ne deferer iamais dans ses iugemens à aucune consideration particuliere, & n'estre porté d'autre passion que de l'amour de la Iustice. C'est ce qui fust representé au feu Roy en l'année 1628. lors que Monsieur le Garde des Seaux de Marillac, voulust faire difficulté d'expedier des Lettres de prouision, à ceux qui auoient dans le Parlement leurs peres, leurs freres, & autres parents ;

P ij

La Lettre qui fut escrite au Roy de la part du Parlement, qui est aux Registres & en la main de plusieurs, porte, que soit qu'on attribuë cela au temperament de l'air & du lieu, ou plustost à l'ancienne discipline; il se contracte dedans cette Compagnie celebre, ce corps le plus florissant de la Iustice du Royaume, vne certaine habitude à cette indifference vertueuse, qui est le temperament le plus propre pour rendre la Iustice; tellement qu'en ce qui est de leur fonction, (car ce n'est pas qu'on manque d'humanité pour cela) mais dedans l'exercice de leurs charges ils ne sont iamais portez d'aucun respect particulier.

Cette Cour estant la capitale de la Iustice de la France, esleuée au dessus des autres, est comme cette Region superieure du monde, la plus voisine du Ciel & des Estoiles, qui n'est iamais troublée ny offusquée de nuages, aussi les vapeurs & les fumées de tant de passions & affections diuerses, ne montent point iusques à eux.

Il y auoit vn Temple de Iupiter en la Grece, dont parle Polybe au 16. de son Histoire, qui estoit disposé de telle sorte, que ceux qui y entroient ne rendoient iamais d'ombre, τοὺς ἐμβαίνοντας ἀσκίους γίνεσθαι, & ceux qui entrent dedans ce Temple sacré de la Iustice, deuiennent si clairs & si brillants, qu'ils ne rendent point d'ombres, & ne peuuent souffrir les iugemens qui se ressentent des tenebres & de l'obscurité. C'est en ce lieu proprement que la Iustice reluit, de ce bel or dont vn ancien Poëte dans Athenée luy a composé le visage, sans estre neantmoins suspecte

de

de corruption, χρυσον προσωπον δικαιωσεως, & bien qu'il semble à plusieurs, que ce Poëte pour la loüer a voulu representer son contraire : Comme ce sage Legislateur pour recommander dauantage la sobrieté à ses Citoyens, leur voulut faire voir vn infame object d'vn banquet dissolu. Il est certain qu'on ne peut mieux representer la Iustice que par l'or, d'où Platon au troisiesme de sa Republique, ayant dit que Dieu sur le point de la naissance des grands personnages, & sur tout des hommes iustes & vertueux, leur mesle de l'or pur dedans l'ame, ce qui fait qu'ils n'ont point besoin de le porter au dehors & à l'exterieur, puis qu'il est né auec eux, & qu'ils en sont ornez & parez interieurement. Olympiodore expliquant ce beau lieu de Platon a dit, que l'or que Dieu mesle dans la generation des hommes, c'est la Iustice, & comme il est le plus pur & le plus accomply des corps elementaires, & la substance la mieux trauaillée qui soit en la nature, laquelle se forme icy bas dans le sein de la terre, par la force & la vigueur de ce bel Astre du Ciel, & est appellé pour cela le Fils du Soleil. Aussi la Iustice esclatte dans les Magistrats comme vn rayon sacré de la Diuinité, & certes faut bien qu'il y ait quelque chose de diuin, de voir que les puissances se viennent aujourd'huy humilier deuant eux, que les plus grands Princes apportent volontairement à leurs pieds, leurs biens, leur honneur & leurs vies, pour en disposer selon qu'ils iugent raisonnable. Apres cela nous pouuons dire, que le plus pretieux ornement des Estats, & dont ils puissent

Q

estre plus richement parez, c'est celuy de la Iustice, elle fait seule toute leur beauté: Tesmoins ce fameux Epigramme Grec escrit au Temple d'Apollon en l'isle de Delos, dont le premier vers commençoit, κάλλιστον δικαιότατον, *pulcherrimum quod iustum* ; Car s'il est vray que de toutes les choses, les vnes sont plus excellentes que les autres, personne ne doutant que l'homme ne soit l'excellence de la nature mortelle, l'ame l'excellence de l'homme, & la vertu l'excellence de l'ame: la Iustice aussi est l'excellence de la vertu, toutes les vertus la reconnoissent pour leur Reyne & leur Souueraine. Et pour ne rien obmettre de tout ce qui s'en peut dire, adjoustons, aussi bien ne peut-on pas mettre fin à vne chose de soy infinie; nous esprouuons sensiblement, que ce qui est l'air au monde elementaire, le Soleil au celeste, l'ame en l'intelligible; la Iustice est le mesme au monde Politique, c'est l'air qu'vn chacun de nous demande à respirer, le Soleil dont les perçants rayons commencent à dissiper nos troubles & nos nuages, c'est l'ame qui doit donner la vie à tout le peuple; Et comme ce diuin Philosophe dit au second Liure, περὶ δικαίου, en vain la terre se donneroit si liberalement aux hommes, en vain abandonneroit-elle tous ses biens & ses richesses, & permettroit qu'on luy ouurist si hardiment le sein pour en tirer ses thresors, si la IVSTICE ne deuoit distribuer à chacun ce qui luy appartient. Ainsi la France s'abandonneroit en vain à son Liberateur, en vain les peuples luy sacrifiroient & leur sang & leur vie, si ce grand Parlement, l'ame de la Iustice, ne trauailloit pour asseurer nos biens & nos fortunes, nous donner la paix & la tranquillité pour en iouïr auec contentement, qui est le suprême bien & la parfaite felicité de l'Estat François.

*Fin de la seconde Partie.*

# IMPORTANTES VERITEZ
## POVR LES PARLEMENS.
### *PERES DV PEVPLE.*
### TROISIESME PARTIE.

*Du Dimanche vingt-huictiesme Février mil six cens quarante-neuf.*

E iour la Cour, toutes les Chambres assemblées, Ayant deliberé sur le recit fait le iour d'hier par Monsieur le premier President, de ce qui s'est passé à S. Germain en Laye, en la Deputation faite vers le Roy & la Reyne Regente, en execution de l'Arresté du 19. de ce mois & an, & de la Proposition faite de tenir vne Conference,

IMPORT. VERITEZ POVR LES PARLEMENS. 65
ference, pour aduiser à ce qui est necessaire pour le bien de la Paix generale & soulagement des Peuples. Et ouy sur ce les Gens du Roy; A ARRESTE' ET ORDONNE', que ladite Conference sera tenuë en lieu seur, tel qu'il plaira au Roy & à la Reyne Regente. Qu'à cette fin y assisteront quatre Presidens de ladite Cour. Vn ou deux des Generaux. Deux Conseillers de la Grand'Chambre. Vn Conseiller de chacune Chambre des Enquestes, & vn des Requestes, comme aussi vn Maistre des Requestes. Deux de chacune des Compagnies Souueraines de cette Ville. Et le Preuost des Marchands, ou en son absence l'vn des Escheuins; Lesquels auront plein pouuoir de traitter & resoudre ce qu'ils iugeront par leur prudence, & qui sera trouué plus propre, vtile & conuenable pour le bien de l'Estat, soulagement des Peuples, & particulierement de la Ville de Paris, authorité des Compagnies, & conseruation des interests de ceux qui ont tesmoigné fidelité & affection en cette occasion si importante, dont sera donné aduis au sieur Duc de Longueuille, ausdites Compagnies Souueraines de Paris, aux Deputez des Parlemens de Roüen & d'Aix en Prouence, & ausdits Preuost des Marchands & Escheuins.

R

Et seront les Gens du Roy deputez pour aller vers ledit Seigneur Roy & ladite Dame Reyne Regente, pour leur faire entendre le present Arresté, & les supplier de la part de ladite Cour, Que suiuant la parole donnée, les passages soient ouuerts pour la liberté des choses necessaires en cette Ville: Et ont esté deputez Messieurs les premier President, de Mesmes second President, le Cogneux & de Nemon aussi Presidens: De Longueüil & Menardeau Conseillers de la Grand' Chambre: De la Nauve, le Cocq, Bitault, P. Viole & Palluau des Enquestes: Et le Févre des Requestes.

### Du Lundy premier iour de Mars 1649.

CE iour la Cour, toutes les Chambres assemblées, Maistre Guillaume Brissonnet Conseiller & Maistre des Requestes, a esté deputé pour l'execution de l'Arresté du iour d'hier.    Signé, DV TILLET.

CEvx qui ont penetré dans les mysteres plus secrets de la Theologie des Egyptiens, & qui ont remarqué les ceremonies particulieres dont ils honoroient leurs Deïtez menteuses & fabuleuses, rapportent que lors que le fleuue du Nil commençoit à croistre & à inonder en Egypte, aux plus fortes chaleurs de l'Esté, arrousant toute la surface de leur terre, ils celebroient vne Feste solemnelle appellée νειλῷα, comme qui diroit les Niliaques, la Feste du Nil, en laquelle ils faisoient des sacrifices, consacroient des Hymnes & des chants de loüange à son honneur, esclairans auec des feux de ioye, & toutes les ceremonies d'vne resioüissance publique, le iour auquel ce fleuue admirable, cét Ocean de l'Egypte, en vn temps que les autres fleuues se desseichent & tarissent, & lors que cette Region estoit sur le point d'estre reduite en cendres, venoit ouurir son sein, & baigner leur terre d'vn deluge si fecond : Que ce païs d'ailleurs sterile & infructueux, combattoit de profit auec les terres les plus abondantes & steriles. Ie ne voudrois pas restablir icy des sacrifices si superstitieux & profanes, pour celebrer auec pompe & solemnité cét heureux iour de Paix, que le Parlement nous va procurer auec aduantage, lors que la France au milieu des braziers d'vne guerre sanglante & funeste, voyant ses villes bruslées & desolées. Il semble que la Iustice ait quitté son lict naturel pour s'escouler auec plus d'effort, & s'espandre par tout en abondance, *Decurrens velut aqua iudicium, & iustitia sicut torrens fortis*. De sorte que si la saincteté & la pureté de nostre Religion ne nous permet pas de luy dedier vne Feste particuliere, comme à la Deesse tutelaire de la Monarchie, au moins ne pouuons-nous luy refuser l'offrande de quelques paroles choisies, pour exprimer ses merueilleux effets & ses diuines puissances, & l'on souffrira bien que nous

R ij

espandions sur ses Autels quelques Esloges d'honneur & de loüange, comme autant de fleurs exquises & triées, qui nous attirent par vne agreable odeur en son amour. S'il est beau de concilier la paix & l'vnion entre les Citoyens, disoit le Sophiste Libanius, il est beau aussi d'en estre loüé.

Et parce que nos actions ne sont pas considerées, & ne s'estiment point selon ce qu'elles sont en elles-mesmes, mais plustost par la fin où elles tendent : on ne peut à mon sens conclure plus proprement ces veritez importantes, qu'en iustifiant par les voyes les plus communes & populaires, puis que nous traittons vn sujet où le Peuple & la Iustice partagent esgalement leurs interests.

*Qui me cumque manent hoc in certamine casus,*
*Et te turne manent.*

Que la paix & le bon-heur des Estats despend absolument de l'obseruation des Loix, & de la parole des Monarques, qui se lient & obligent à leurs Subjets par des Edits & Declarations salutaires, des reglemens aduantageux & profitables. En sorte que la derniere Declaration verifiée, auec toutes les connoissances de causes, & apres les deliberations de plus de deux cens seances, doit estre sans doute religieusement executée, veu que tout le repos & la tranquilité du Royaume y est inseparablement attachée.

Et bien qu'il semble qu'vne proposition de cette qualité si iuste & fauorable, n'ait pas besoin d'vn fort grand discours, δυώνυμον ἐς δίκην, disoit Pindare en ses Neomeniques, Ode 7. en vne cause de bon
nom

POVR LES PARLEMENS. 69

nom & de bonne odeur, τὰ ἔπεα διαρκίοι, il ne faut que trois paroles, mesme disoit vn ancien Philosophe dans Libanius en sa Declamation premiere; en toutes causes on doit estre succint & sommaire; ce qu'il entendoit autrement & vouloit dire, qu'en celles qui estoient mauuaises & iniustes, l'on ne deuoit pas seulement ouurir la bouche pour parler, ὑπὲρ τῶν ἀδίκων οὐδὲν ἂν εἴποιμι· aux bonnes, il ne faut point tant de langage, qui ne sert le plus souuent qu'à esgarer les choses; neantmoins ie donneray au sujet toute l'estenduë qu'il me sera possible, ayant à combattre contre ceux qui osent bien dans les Chaires enseigner les Princes à violer leur foy, au lieu de leur apprendre à obseruer fidellement leurs promesses, faire voir qu'ils ont vn notable interest d'estre tenus pour Princes de parole, sans rechercher de faux pretextes pour y manquer, & que c'est le propre des Tyrans & vsurpateurs, qui n'ont ny pieté ny iustice, de n'en tenir compte; mais non des Princes legitimes, qui doiuent craindre vn Dieu vangeur de l'infidelité. Aussi ce n'est point en France où les Princes sont au dessus des Loix, où leurs volontez Soueraines, & leurs commandemens absolus font les regles de leurs actions; eux qui ont en horreur tous les noms d'espouuente, qui seruoient d'inscriptions aux anciens marbres des premiers Empereurs, de foudroyans & assiegeurs de Ville, ont tousiours preferé le tiltre de Iustes à tant de qualitez tyranniques, imitans celuy de la main duquel ils tiennent leur Empire, qui dit dans l'Escriture, Assemblez tous les peuples de la

S

terre, afin qu'ils iugent entre mon peuple & moy, s'il y a chose que i'ay deu faire, & que ie n'ay pas fait. Les Rois doiuent auoir encore plus de constance & de fermeté en leurs conuentions que les particuliers, parce qu'ils sont autheurs de la Iustice, & que la foy publique reside proprement en leurs personnes. D'où nous voyons dans les Constitutions des Empereurs, qu'on met entre les cas fortuits, & les accidens inesperez, quand les Princes contreuiennent à leurs promesses, comme n'estant pas à presumer que iamais ils le fassent, l'obligation en ce rencontre estant double; l'vne pour l'equité naturelle, qui veut que les pactions & conuentions soient entretenuës; l'autre pour la foy & la parole du Roy, qui passe pour vne verité constante & irreuocable. I'obserue & ie prends garde sur tout, disoit le Sage à la parole du Roy, *os regis custodio & verbum iuramenti eius*, parce qu'elle doit tousiours demeurer ferme & immuable, comme celle de Dieu mesme, lors principalement qu'il s'agist du bien & du soulagement des Subjets.

*Verum age do quoduis volensque remitto.*

Dit Iupiter à Iunon au 12. de l'Eneide, surquoy Seruius Autheur excellent, *do quoduis, bene in præsenti, nam promissio numinis pro facto est*, tout ce qu'il promet est reputé desia executé. Dieu dés le commencement du monde, des douze noms qu'on luy attribuë, prend celuy d'Helin qui vient d'vn mot Hebreu, signifiant lier & obliger; se faisant premierement connoistre à l'homme sous le nom d'obligeant, pour monstrer que s'estant engagé à luy, & l'ayant fait naistre dans les bienfaits, la reconnoiſſance auſſi luy doit paſſer en nature, c'eſt à dire, la fidelité & l'obeïſſance ; & de verité, rien ne concilie dauantage l'eſprit & la bienveillance d'vn peuple, que d'executer ponctuellement ce qu'on luy a vne fois accordé : Comme a bien reconnu Xenophon, quand pour faire entendre à Cyrus, le moyen d'auoir de ſes Subjets tout ce qu'il deſiroit, il l'aduertit ſur toutes choſes, de garder & entretenir ſa foy & ce qu'il leur promettoit; diſant ce ſage Precepteur des Rois, que la parole d'vn Prince fait plus enuers ſon peuple que les violences & les contraintes, qui ne traiſnent le plus ſouuent que des chaiſnes incomprehenſibles de tragiques euenemens. Nous n'auons que trop d'exemples regrettables de Rois, d'Empereurs & de Souuerains, leſquels n'auoient en la bouche que la foy & la pieté, & leur cœur n'eſtoit remply que d'hypocriſie, de feinte & de duplicité : Ils ne ſont que trop connus par les Hiſtoires, mais il importe d'en eſteindre le ſouuenir, & chager leurs tombeaux de ces infames ſtatuës, que les Grecs eſleuoient à ceux qu'ils deſvoüoient au meſme temps aux ombres & à l'oubly.

Les François entre les peuples les plus libres, s'eſtans ſouſmis d'eux-meſmes à leurs Rois, ils n'ont pas ſeulement l'honneur d'eſtre leurs Subjets, mais la faueur d'eſtre leurs Enfans; Subjets par obeïſſance, Enfans par affection : Auſſi nos Rois ont moins tiré de gloire de commender auec Souueraine puiſſance, que de ſeruir de Peres à leurs peuples pour compâtir à leur miſere. Nous liſons dans les ceremonies qui

S ij

s'obseruent aux Sacres & aux Couronnemens, que les peuples sont tenus de declarer tout haut, qu'ils trouuent le Roy digne de les gouuerner, & tenir en main les rhenes de l'Empire, *Scitis illum esse dignum*, c'est la demande que l'on fait, *vtilemque Ecclesiæ & ad huius regni regimen, nouimus & credimus eum dignum esse* : Mais le serment qu'il preste en suite, de maintenir & conseruer vn chacun en ses biens, obseruer les Loix, & se sousmettre à la Iustice, *Profiteor & promitto legem & iustitiam, & populo deinceps mihi subiecto pacem*, comme si on ne commençoit à le reconnoistre Roy, *deinceps*, que lors qu'il s'est obligé par serment, de procurer la Paix à son peuple ; ce n'est point vne vaine ceremonie, mais vn contract solemnel qui lie estroittement les Rois à Dieu & aux hommes, & dont les Parlemens sont tenus par le droit de leurs charges de poursuiure l'execution, estans seuls constituez guarands par les Loix du Royaume, des promesses & de la volonté des Rois enuers leurs peuples. Volonté qui ne peut estre changée pour quelque cause ou pretexte que ce soit : *Semel iuraui in sancto, si Dauid mentiar*, dit ce Roy Prophete, *quod egressum est de labiis meis non mutabo*. Les Egyptiens qui auoient l'art d'exprimer les secrets de la nature par des sculptures & des caracteres, que les Grecs appellent Hieroglyphiques, sous le voile desquels ils couuroient les mysteres de leur Philosophie, voulant representer vn certain fleuue qui engraissoit merueilleusement, & faisoit profiter leurs terres : depeignoient vn cœur, & à ce cœur ils donnoient vne langue, καρδία γλώσσῃ ὁμοιοῦντες. Comme Orus Apollo

Apollo le remarque, Autheur Grec tres-ancien, peut-estre pour dire, que comme le cœur est le principe & l'autheur de la vie, le siege principal de l'ame, & celuy qui distribuë les esprits à toutes les parties du corps; aussi que ce fleuue estant l'origine & la source d'vne grande fertilité, leur donnoit la vie, c'est à dire, les fruicts de la terre qui l'entretiennent & la conseruent; car nous n'auons point ce Hieroglyphe autrement bien expliqué, mais nous pouuons dire, que quand on leur eust demandé vn caractere propre pour exprimer parfaitement ce qui est de l'office & du deuoir d'vn bon Prince, ils n'en pouuoient pas donner vn qui le representa plus naïuement que le cœur, & la langue sur le cœur, pour dire qu'il doit estre veritable, n'auoir point d'autre langage que celuy du cœur; & que comme la langue est la messagere & l'interprete des conceptions de l'ame, il faut aussi qu'elle soit fidele, qu'elle les rende toutes entieres, & ne se demente iamais. Disons dauantage, & mettons sur ce cœur la loy au lieu de la langue: *Lex eius in corde ipsius, & ideo non supplantabuntur gressus eius:* Le Prince doit communiquer abondamment sa loy & sa liberalité à tout son peuple, comme le cœur enuoye auec affluence les esprits qui nous animent. C'est ce qui fait mouuoir les Monarchies, qui establit la paix dans les Villes, maintient les Subjets dans le respect & l'obeïssance; & au contraire, s'il vient à retrancher & alterer les Ordonnances & les Loix les plus salutaires; si les Declarations qui tendent principalement à soulager le peuple, n'ont pas leur esten-

T.

duë naturelle, & souffrent quelque diminution, c'est lors que les troubles & les desordres publics trauaillent les Estats, que les sterilitez & les miseres en ternissent l'esclat & le lustre. il y auoit des Prestres en Egypte qui auoient charge d'annoncer & publier au peuple, la cruë & le rabaissement du Nil, & quand on vouloit sçauoir à quel poinct il estoit paruenu, parce que delà dependoit tout le bon-heur de l'Egypte, on alloit en vne Isle, au milieu de laquelle estoit vne Colomne marquée & diuisée en plusieurs toises, & lors qu'il commençoit à croistre, les Prestres auec leur mesure qu'ils appelloient *Cubitus*, marquans de combien ce fleuue estoit haussé, le faisoient sçauoir au peuple, & quand il alloit iusques à seize coudées & au dessus, il y auoit affluence & abondance de tous biens ; s'il demeuroit à douze, on estoit asseuré d'vne tres mauuaise année. Les Ordonnances de nos Rois sont les Colomnes qui tiennent le pied des Estats, des Villes & des Republiques, ferme & solide : Les Parlemens ont en depost la regle & la mesure, pour connoistre iusques à quel point peut croistre le torrent de la puissance Souueraine, ῥάβδον ὐνομίας, *virgam æquitatis, virgam regni*, au Psalme 44. Et lors qu'elle demeure aux termes des anciens reglemens & statuts du Royaume, l'on ne doit attendre que des prosperitez ; si elle deroge aux Loix & diminuë la liberté publique, c'est vne source de mal-heurs & de calamitez.

Voyons dans le particulier, combien aduantageuse est la derniere Declaration pour le bien de l'Estat, le repos & le soulagement des peuples.

Ἀνάγνωθι λαβὼν αὐτὰς τὰς μαντείας,
Cape ipsa oracula & lege.

LOUIS PAR LA GRACE DE DIEU ROY DE FRANCE ET DE NAVARRE: A tous presens & aduenir, Salut: L'amour que nous portons à nos peuples, nous a obligé de rechercher tous moyens pour arrester le cours des desordres, qui croissoient à tel degré qu'il eust esté impossible d'y apporter par apres le remede; & ayant commencé d'y donner les reglemens necessaires sur la distribution de la Iustice, & l'ordre de nos Finances, & remis le surplus à vn conseil que nous voulions assembler, dautant que different plus long-temps, les maux augmentoient de iour en iour, pour asseurer le repos de l'Estat, & le bon-heur de nos Subjets; Nous de l'aduis de nos Princes, & autres Grands & notables personnages de nostre Conseil, & de nostre certaine science, plaine puissance & authorité Royale: Auons statué & ordonné, statuons & ordonnons ce qui ensuit, c'est à sçauoir, Que voulant tesmoigner de plus en plus, combien nous desirons apporter de soulagement à nosdits Subjets, Declarons qu'au lieu du demy quart des Tailles remis pour la presente année six cens quarente-huit, il leur sera deduit le cinquiesme, sur le pied de cinquante millions à quoy montent toutes Tailles

Taillon, Subsistances, Estapes, & autres droits generalement quelconques: lequel cinquiesme montant à dix millions, sera esgalé sur toutes les Generalitez des païs d'Election, à proportion de la somme laquelle chacune Generalité doit porter, & que chacun particulier est cottisé, en telle sorte qu'il sera deduit à chacun particulier, vn cinquiesme de sa part & cottisation.

Celvy qui a trauaillé au Panegyrique de l'Empereur Constantin, fait mention d'vne remise tres-considerable, faite par ce Prince à ses Subjets sur les reuenus de l'Empire, qui surpassoit le quart des tributs & impositions ordinaires. *Quartam amplius partem nostrorum censuum remisisti, ô lustrum omnibus lustris Fœlicius.* Et nous auons vne remarque tres-singuliere que fait Spartian *in Adriani vita*, que les Romains auoient vn soin particulier, de faire de temps en temps des remises & descharges à nos anciens Gaulois, peuples jaloux de leur liberté, ennemis de l'oppression & de la seruitude. *Gallias omnes causariis liberalitatibus subleuabant,* parce que ces liberalitez n'estoient causées, & n'auoient pour pretexte, que la bienveillance & l'inclination naturelle des Princes à leur bien faire, comme estant le seul moyen de tenir la franchise d'vne Nation si libre, captiue & asseruie sous leur pouuoir souuerain. Il est vray que la necessité, qui est la loy du temps, peut quelquefois iustifier les plus dures impositions, & les taxes les plus frequentes. Que les peuples doiuent contribuer

aux

aux preſſantes neceſſitez de l'Eſtat, ce qui eſt de leur puiſſance, comme nous voyons que les membres contribuent de leurs facultez à la nourriture de tout le corps : mais il faut que les Princes ſoignent touſ-jours plus diligemment le ſimple peuple, & veillent de temps en temps à ſon repos & à ſon ſoulagement. Les influences des Aſtres paſſent bien à trauers les au-tres Elemens, mais elles s'arreſtent principalement à la terre : Auſſi eſt-ce à la partie populaire de l'Eſtat que les Rois doiuent faire aboutir les effets de leur bienveillance & leurs bons traittemens : D'où nous liſons dans Cedrenus au premier de ſes Annales, vn Edict de l'Empereur Nicephore en faueur du menu peuple, que les taxes extraordinaires ſe feroient ſur les plus nobles, à raiſon de ceux qui ſe trouueroient dans l'eſtenduë de ſon Empire, ne pouuoir ſuppor-ter qu'à peine les tributs & les charges ordinaires : Et d'effet, c'eſt vne conſideration que doiuent auoir tous les Princes, veu que les ſurcharges ſont le plus ſouuent les marques de leur dereglement, que com-me en vn corps malade les parties plus foibles ont plus de reſſentiment des accidens qui luy arriuent; auſſi que le plus foible de tous les ordres ne peut ia-mais ſouffrir ſans eſclat, & meſme ſans preiudice de l'authorité Royale, les effets principaux des deſor-dres d'vn Eſtat.

*Eſtreg.*

NOVS n'entendons que les particuliers puiſ-ſent eſtre contraints pour les debtes de la
V.

Communauté, ne que l'on puisse exercer aucunes soliditez à l'encontre d'eux, sinon és cas des Ordonnances; & afin de faire connoistre à nos Subjets par des effets presens, nostre passion pour leur soulagement, nous leur auons remis des impositions dont nous iouïssions, vne somme tres-notable sur nostre reuenu par chacun an, tant sur la ferme des entrées de nostre bonne Ville de Paris, Aydes, cinq grosses Fermes, que Gabelles, à commencer du iour de la publication des presentes, sçauoir la suppression du petit Tarif estably par nostre Edict de six cens quarente-six, reseruant l'ancien barrage qui demeure pour quatre vingts mille liures, ce qui faisoit deux cens quatre vingts dix mille liures, à quoy montoit ledit petit Tarif mentionné en l'Arrest de nostre Parlement du septiesme Septembre 1647. ce faisant sera par les Tresoriers de France, procedé à nouueau bail de ladite Ferme de l'ancien barrage.

Pline en son Histoire Naturelle, faisant reflexion sur les remedes ineptes & superstitieux que prattiquoient les Anciens dans les maladies contagieuses & populaires, dit qu'ils auoient coustume d'imprimer leur figure sur de la cire, laquelle ils attachoient dés la pointe du iour à la porte du premier de leurs voisins, & là dessus s'escrie, ô quanta vanitate, si falsum est, sed quanto scelere, si morbos transferant ad innocentiores. Les violences & les contraintes qui s'exercent pour l'exaction des taxes & impositions, qu'Aristote appelle en ses Politiques la maladie des peuples, νόσον δημοτικὴν. Sont des remedes dont les effets pleins de cruauté & de barbarie, ne se font que trop redouter, lors que des Receueurs inhumains despoüillans la figure d'hommes, pour parler selon la doctrine des Stoïques, qui tiennent que toutes les actions cruelles sont autant d'animaux, transferent sur les premiers qu'ils rencontrent, & font essuyer le plus souuent à vn seul homme, tous les mal-heurs & les miseres d'vne Communauté. C'est ce qui a fait dire à Theodoric dans Cassiodore, voyant que ces excés & voyes de fait, prenoient cours en son regne, *Fœdum est inter iura publica, priuatis odiis licentiam dare, & alterum pro altero quod dictu nefas pignorare.* Comme à la verité, rien ne peut rendre les Princes odieux à leurs peuples, que d'amasser des thresors ensanglantez, & enrichir leur Espargne de biens qui distillent leurs sueurs, leur sang & leurs larmes, *Impium*, dit Rupert, *stillans cruorem, lachrymasque patrimonium.* L'Ordonnance du Roy François I. verifiée en 1543. defend aux Receueurs, pour le payement des Tailles, d'vser de contraintes solidaires, & emprisonner les particuliers pour le commun de leurs Parroisses; car encore que les tributs soient les anciens propres des Empires, & les biens patrimoniaux des Princes & des Souuerains; Tesmoins la responsé que Dieu fist par la bouche de Samuël, à son peuple qui demandoit vn Roy, *Hoc erit ius regis qui imperaturus est, segetes vestras & vinearum reditus addecimabit vosque eritis*

V iij

*serui eius*. Neantmoins nos Rois n'ont iamais authorisé les rigueurs & les seueritez dont on se porte, à exiger les subsides & les droits de leur Couronne, iugeans bien que les impositions aigrissent assez les esprits d'vn peuple, qui de sa nature est auare, & semble n'estre sensible que pour satisfaire auec regret aux obligations mesmes où sa naissance l'engage, & ausquelles il demeure soufmis par sa condition : Ce n'est pas que les Souuerains, qui donnent à leurs Sujets le pouuoir & la faculté d'vser entr'eux des contraintes & de la seuerité des Loix, en ce qui les concerne, ne se trouuent encore mieux fondez à iouïr pour leurs interests particuliers, des priuileges qu'ils ont faits ; mais ils veulent que ce soit le dernier remede, & comme l'anchre sacrée, qui ne se doit jetter que quand tous les autres moyens pour la conseruation du vaisseau ont esté consommez ; c'est lors que pour sauuer le reuenu de l'Empire, que la clemence du Prince, & trop de facilité, feroit decheoir & diminuer. L'on permet d'exercer les emprisonnemens solidaires, & toutes les rigueurs establies en ces rencontres par les Ordonnances ; ce qui se trouue mesme fondé dans le Droict des Digestes, en la Loy 1.§. *quod si nemo ff. quod cuius. vniuers* où tous nos Docteurs s'accordent en ce poinct, qu'on peut contraindre les particuliers, en haine de la contumace & de l'opiniastreté de tous les habitans d'vn lieu, qui refuseroient de payer, auec cette distinction neantmoins qu'ils ont perpetuellement faite, que cela n'a lieu que pour les taxes & impositions anciennes &

doma-

domaniales, introduites par le temps & l'vſage dedans l'Empire; eſtant certain que les nouuelles charges, qui n'ont pour fondement que le luxe, où l'auarice des Souuerains ne peuuent iamais souffrir d'executions violentes. Encore moins dans ce rencontre, qu'on puiſſe ſacrifier des perſonnes priuées pour ſe vanger d'vne Communauté, c'eſt ce que diſoit le Comique:

 *Me ne ob stultitias fieri piacularem oportet,*
 *Vt meum tergum auaritiæ tuæ ſubdas ſuccedaneum.*

Au contraire, il eſt permis à vn chacun de reſiſter, & l'on doit repouſſer la violence, c'eſt la doctrine de Saint Auguſtin en ſon Liure ſixieſme, queſtion dixieſme, & de ſaint Thomas en ſa 2. q. 40. fondée ſur l'authorité & la puiſſance du glaiue, que Dieu n'a point mis en la main des Roys pour ruiner leurs Eſtats & deſtruire leurs ſubjets. Nos hiſtoires eſtants remplies d'exemples qui deuroient porter la terreur dans l'eſprit des Princes & des Miniſtres, & qui marquent la protection d'vne main ſuperieure qui prend la conduite des peuples, & par de ſecrets mouuemens les deliure de l'oppreſſion. Ce fauory du Roy Theodebert pour auoir eſté l'autheur d'vne nouuelle impoſition & donné lieu à des ſurcharges & des taxes extraordinaires, fut lapidé en la ville de Treues. Et l'on a veu en France vn Theodoric à ſon aduenement à la Couronne, pour les exactions violentes que les Maires du Palais qui gouuernoient l'Eſtat faiſoient ſous ſon nom, chaſſé hors le Royaume, & declaré par le peuple indigne du ſceptre François; auſſi le plus bel eloge

X

## IMPORTANTES VERITEZ

à mon gré que iamais Demosthene ait donné aux Ephores & Gouuerneurs d'Athenes, c'est quand il leur disoit, qu'ils estoient vaillants à la guerre, mais doux & moderez en leurs impositions. Ie finis toutes ces considerations par vn lieu de Polydore au 26. de son Histoire, lequel rapporte qu'Edouard IV. Roy d'Angleterre ne donnoit autre nom aux taxes extraordinaires qu'on leuoit sur le peuple, sinon de liberté & de bien-veillance, chacun contribuant à son gré. D'où conclud ce graue Historien que les surcharges & nouueaux subsides, estans les presages d'vn Estat languissant, on doit surseoir aux violences.

*Eπέα,*

Nous auons aussi esteint & supprimé le droict de Maubouge, consistant en vingt sols sur chacun muid de vin entrant en toutes les Villes & Bourgs de nostre Royaume, & pour nostre bonne Ville de Paris dix sols seulement creez par Declaration du mois de Feurier 1643. & compris dans le bail des Aydes, & encore des vingt sols subuention creez par la Declaration du mois de Nouemb. 1644. reglé par Arrest du Conseil du 26. Ianuier 1641. d'autres vingt sols de sedan creez par Arrest du Conseil du 13. Iuillet 1641. & compris en la Declaration du mois de Septembre 1644. du sol pour liure, tant desdits vingt sols de subuention & vingt sols de sedan, que des dix sols du droict de Maubouge pour l'entrée de Paris. Des six deniers pour liure, sur les trois sols restants du nouueau tarif à prendre sur le muid de vin, dont l'entrée est deschargée par le moyen de la suppression dudit nouueau tarif, faisans tres-expresses inhibitions & deffenses à nos Fermiers, leurs Commis & autres, de leuer à l'aduenir lesdits droicts & impositions à peine de concussion, & pour cét effet voulons qu'à l'aduenir nos fermes soient baillées en nostre Conseil au plus offrant & dernier encherisseur, & procédé à l'adjudication, à la lumiere esteinte, apres publications sur les lieux encheres & remises sans aucuns deniers d'entrée ny d'aduances, & les Fermes du barrage & autres Domaniales faites par les Thresoriers generaux de France en la maniere accoustumée.

Toutes les histoires anciennes & modernes ont remarqué, que les nations les plus souples ont tousiours mesuré le droict des Impost à leurs puissances & facultez, & ont cru ne les deuoir souffrir, quand ils excedoient les fruicts qu'ils recueilloient en toute l'année, surquoy le plus veritable de nos Historiens François auoit escrit que lors que Chilperic chargea premierement le vin, le Ciel prit ouuertement la querelle du peuple, & se declara de son party contre les autheurs d'vn conseil si pernicieux, en sorte qu'il permit que la vigne portast des raisins deux fois en vne mesme année, & que les Conseillers & les Ministres qui auoient trempé dans ce mauuais dessein, fussent affligez de maladies continuelles, & d'vne grande mortalité. Il est vray que les anciens ont tousiours estimé que les imposts & les taxes n'estoient que les effets des maladies de ceux qui ne sçauent pas gouuerner. Car comme au monde elementaire Platon disoit que l'accord des diuerses parties dont il est composé, & l'harmonie des qualitez contraires & ennemies des quatre premiers corps est la santé du monde, parce que de là dépend sa conseruation, & en effet si Dieu n'auoit proportionné les qualitez des elements en certains degrez pour les accorder les vns aux autres, tout iroit en desordre & confusion ; aussi au monde politique, c'est la prudence & le conseil de ceux qui regissent, qui donne la santé, la force & la vigueur aux Estats, c'est elle seule qui met la paix & la concorde parmy les peuples & les range à leur deuoir, empeschant qu'on n'entreprenne trop licentieusement sur eux, comme au contraire l'imprudence & le mauuais conseil en fait la maladie, lors que par des surcharges elle vient rompre & diuiser ce bel accord de tant d'humeurs & de passions differentes d'vn peuple semblable aux elements, dont les quatre qualitez bien temperées conseruent ce grand Vniuers en son estre, & le doiuent destruire par leur desreglement ; ainsi nous deuons apprehender pour nostre Monarchie, où nous voyons que la froideur des miserables ne peut plus resister à l'ardeur de la vangeance des plus grands aduersaires. La vie coulante & humide, comme parle saint Iean Chrysostome sur saint Paul des pauures & indigents, ὑγρὸς κỳ διαρρέων βίος

βίος σμικρῶν, à la seiche & insatiable cupidité des plus auares, & la legereté d'vn peuple affoibly & espuisé, à la pesanteur d'vn Ministre si fort & si puissant, tout cela ne presage que d'estranges reuolutions.

Hippocrate rapporte en l'vne de ses Epistres, qu'il fust vn iour appellé par la Republique des Abderites, pour la guerison de Democrite, & qu'ils luy manderent qu'auec Democrite il troueroit aussi LE CONSEIL MALADE & tres-indisposé, βαυλὼ νοσοῦσαμ. Et quelle estoit l'indisposition de ce Conseil, sinon qu'il n'auoit laissé à ces miserables, que l'ame & la voix libre de continuelles charges & impositions; ceux qui ont escrit de l'estat de ce peuple, remarquent que le vice & la corruption auoit tellement gaigné parmy les Gouuerneurs & les principaux Officiers, que le cours & la violence du mal, forçoit tous les remedes qu'on y pouuoit opposer. Leurs mains, lesquelles, selon le dire de Galien, sont la iuste regle de tout le temperament du corps, qui se reconnoist par le toucher, n'estoient pas bien innocentes, ils ne manioient pas LES FINANCES auec la pureté & netteté qui estoit necessaire; les vns auoient les yeux esblouïs de leurs interests particuliers, & offusquez des fumées de l'ambition; les autres estoient entierement aueuglez de passion, ce qui leur desroboit le vray visage des objets, & leur faisoit paroistre les choses comme au trauers d'vne nuée toute autres qu'elles n'estoient, semblables à ces Icteriques, ausquels tout ce qu'on oppose paroist iaune, & à ceux qui sont trauaillez de la suffusion du sang, sous la

Y

peau des yeux, lesquels ne se plaisent qu'à des objets rouges & sanglants. Leur bouche qui prononçoit des Edits si peu conformes aux Statuts & anciennes Loix de leur Republique, n'estoit ny iuste ny droite, leur langue estoit chargée & imbuë d'vne autre saveur que de celle de la Iustice, tellement qu'vn corps si mal affecté, auoit besoin d'vn Archiatre aussi excellent qu'Hippocrate pour le remedier. Et dautant que nostre CONSEIL D'ENHAVT, apres toutes les conuulsions les plus violentes, se trouue aujourd'huy dans la crise d'vne maladie aussi dangereuse que celle du Conseil des Abderites ; il n'est que trop constant qu'il a perdu l'esperance de nous pouuoir reduire, voyant que la prudence d'vn Parlement sçait mieux conseruer vn peuple, que la generosité & la vaillance de leurs Chefs ne le sçait combattre. C'est ce que l'Oracle fist vn iour entendre aux Grecs, lors que pour leur monstrer combien les forces de l'esprit estoient plus puissantes & plus à craindre que celles du corps, il leur dit : ENFANS genereux de de la Grece, encore que vous soyez tous braues, & resolus de vaincre, neantmoins vous assiegez vne Ville depuis tant de temps, & n'y auez rien fait : Achille n'y a rien aduancé poursuiuant les ennemis; c'est en vain qu'Aiax a lancé tous ses dards, ny Agamemnon auec son Conseil, ny Nestor auec ses Harangues, Chalcas auec ses Predictions, Vlisse auec ses ruses, ny feront iamais rien ; vous y consommez le temps inutilement, car vous manquez d'vn homme, & qui est il, vn homme dont l'ame se porte bien, ψυχὴν τὴν ὑγιᾶ, c'est en vn mot, que la Iustice n'est pas de vostre party. La Iustice & la santé de l'esprit ont vn rapport tres-conforme & conuenable; car s'il est vray que l'iniustice, au dire d'Iamblique, en soit la maladie, ἀδικία νόσος τῆς ψυχῆς, l'on peut bien dire que la Iustice en est la guerison, puis que le contraire se guerist par son contraire; & cette pensée n'est point de moy, elle est deuë à Proclus successeur de Platon, qui a dit que la Iustice estoit la guerison des maladies de l'ame, ἡ περὶ τὴν ψυχὴν ἰατρεία δίκη. Ce qui establit vne paix bien ordonnée dans nous, qui accorde les puissances corporelles & intellectuelles l'vne à l'autre, qui appaise tous les mouuemens desreglez, & fait aux troubles de l'ame ce que la correction des humeurs superfluës & corrompuës pour la restitution de la santé ; c'est elle qui reprime les appetits de vengeances, reduit les passions à vne esgalité bien reglée : l'entend cette Iustice qui rectifie toutes nos actions, & entretient nos puissances dedans les deuoirs. Enfin c'est elle que Salomon, le premier de tous les Sages, & le plus grand de tous les Rois, duquel les iugemens ont esté admirez iusques aux extremitez de la terre, ayant demandé à Dieu si ardemment & si instamment, comme l'vne de ses plus pretieuses graces. Ioseph Autheur Hebreu, qui a rapporté cette priere, dit qu'il luy demanda cette Iustice sous le nom de la santé de l'esprit, δός μοι νοῦν ὑγιᾶ. Voyons pour mettre fin à tant de veritez importantes, si elle reside ailleurs que dans les Parlemens, & si nos Rois n'ont

Y ij

pas reconnu qu'elle fouftient feule leur Couronne, & que la paix de leur Eftat defpend abfolument de fa conduite & de fon gouuernement.

Κάλει μοι τούτων τοὺς μάρτυρας,
*Accerfe mihi harum rerum teftes.*

Our faire connoiftre à la Pofterité l'eftime que nous faifons de nos Parlemens, & afin que la Iuftice foit adminiftrée dans noftre Royaume auec l'honneur & l'integrité requife, Nous voulons qu'à l'aduenir les articles quatre vingts vnze, quatre vingts douze, quatre vingts dix-huict, & quatre vingts dix-neuf, de l'Ordonnance de Blois de l'année cinq cens foixante & dix-neuf, foient inuiolablement gardez & executez : Ce faifant que toutes affaires qui gifent en matiere contentieufe, dont les inftances font de prefent, ou pourront eftre cy-apres, indecifes & introduites en noftre Confeil, tant par euocation qu'autrement, foient renuoyées & les renuoyons à noftre Parlement, fans que noftredit Confeil prenne connoiffance de telles & femblables affaires, & ce fuiuant les Edits & Ordonnances, fans que les Arrefts de noftredit Parlement puiffent eftre caffez ny retractez, finon par les voyes de droict, qui font Requeftes ciuiles & propofitions d'erreur, & par les formes portées par lefdites Ordonnances, ny l'execution defdits

*Arrefts*

Arrests suspenduë ou retardée sur simple Requeste presentée à nostredit Conseil. Et pour faire cesser les plaintes à nous faites par nos Subjets à l'occasion des Commissions extraordinaires par nous cy-deuant decernées, auons reuoqué & reuoquons toutes lesdites Commissions extraordinaires ; Voulons poursuite estre faite de toute matiere, pardeuant les Iuges ausquels la connoissance appartient, & ne pourront lesdits Maistres des Requestes, instruire & iuger en leur Auditoire, autres matieres que celle dont la connoissance leur appartient par nos Edits & Ordonnances, ny iuger en dernier ressort ny souuerainement aucun procés, quelques lettres attributiues de iurisdiction & renuoy qui leur puisse estre fait, le tout à peine de nullité.

Les Anciens qui ont rapporté l'inuention de la Medecine aux Dieux, pour attribuer l'Art de conseruer les hommes à la mesme puissance qui les auoit produits, ont dit qu'Apollon le Pere & l'Autheur de cette science Celeste, auoit engendré deux Enfans, Esculape pour la Medecine des particuliers, & Platon pour celle des Estats & des Republiques, parce que ce diuin Philosophe estoit grandement versé dans la Politique, qu'il auoit apprise de Socrate ce grand Maistre de l'ancienne sagesse, luy duquel on disoit, qu'ayant trouué la Philosophie voyageant par les Cieux & par les Elemens, il l'auoit at-

Z

tiré le premier dans les Villes pour la faire conuerser auec les hommes, tellement que par ses beaux preceptes, dont la fin estoit de bien gouuerner, corrigeant toutes les vicieuses habitudes & mauuaises inclinations des Princes & des Grands, leurs passions & affections desreglées. Il faisoit que les Estats recouuroient leur premiere force, & leur vigueur toute entiere ; c'est pourquoy les Atheniens ont obserué, que Platon estoit né le mesme iour qu'on celebroit parmy eux la Feste de la naissance d'Apollon, & pretendoient ne faire point d'iniure à cette Diuinité, de ioindre la naissance du plus grand Politique, auec celle du Pere de la Medecine, parce que tous les beaux discours de sa Philosophie ne tendoient qu'à conseruer & maintenir les Royaumes, les Prouinces & les Citez. Aussi ayant remarqué dés l'entrée que le Parlement est né auec la Monarchie, ie ne crois point faire iniure à la Pourpre de nos Rois, d'associer auec eux vn corps qu'on ne peut separer sans la ternir & la destruire, & qui ne reconnoist autre cause de son institution, que de se ioindre auec les Rois, & conspirer ensemble pour le salut du peuple, & pour sa consetuation ; c'est ce qui a fait, qu'il a opposé auec tant de succés, la prudence & le conseil, aux armes & à la violence ; que ses victoires sont tousiours innocentes, & ses triomphes iamais sanglants. Ce grand Capitaine Romain, qui fut appellé à la charge de Dictateur pour appaiser quelques mouuemens qui s'estoient esleuez dedans la Republique, ne demanda pas aux Dieux de vaincré en combattant, mais seulement l'honneur de concilier l'vnion & la concorde entre les Citoyens, & qu'il pourroit trouuer ailleurs vn champ plus honorable pour la gloire des armes. Le Parlement n'a iamais eu autre souhait, que de pouuoir reünir les esprits des Princes auec leur peuple, reioindre leurs affections diuisées, & ne seruir entr'eux que d'instrument de paix & de concorde.

*Hic quoque seruati contingit gloria ciuis*
*Altaque victrices, intexent limina palmæ.*

Mais on a rejetté leurs soumissions, mesprisé leurs vœux & leurs obeïssances, & les Princes se sont liez d'interest, à proteger vn faux Ministre contre les veritables & plus fideles seruiteurs de nos Rois. Que diront les Histoires d'auoir veu la plus grande Princesse deschirer ses entrailles pour conseruer vn object d'execration & d'anatheme, & bien qu'il soit odieux à tous les peuples, vouloir que la fumée de leur sang le puisse seule desrober à leurs yeux. Car pour ce qui est du Mars de nos armées, qui s'en est declaré partisan, on luy dira ce que Dieu fist à ce fameux fratricide, puis qu'il ne poursuit pas moins viuement son frere, *ecquid fecisti*, c'estoit à dire selon l'interpretation de Philon Iuif, *nihil fecisti*. Les autres ont creu qu'estans saisis de la personne du Roy, ils pouuoient donner quelque voile à la temerité de leur faction; mais ils ont enfin reconnu, qu'il y auoit plus d'aduantage de retourner sur leurs pas, & executer entierement les dernieres Declarations. C'estoit vne course que l'on faisoit dans les

Z ij

ieux publics de la Grece, lors qu'on auoit atteint le bout de la carriere, de retourner tout court & rebrousser chemin, & ceux qui s'exerçoient ainsi s'appelloient Διαυλοδρομοῦντες, parce que *reflectebant eandem viam*, dit Pausanias. Et quoy que Philon nous asseure, que ceux qui en vsent de la sorte sont semblables à la Lune, laquelle il represente retournant par la mesme voye apres auoir esté plaine ; neantmoins il est tousiours honorable par quelque chemin que ce soit de se rendre à la IVSTICE : Le bon sang qui s'eschauffe se remet aussi-tost en son temperament, & quand on reconnoist le mal qu'on a commis, c'est la condition plus approchante de la probité de ceux qui ne le commettent point. Il ne faut pas estre bien versé dans la science Ciuile & Politique, pour dire qu'on n'a iamais tiré de beaux triomphes de ses propres ruines, & que les puissances qui s'emportent sont semblables à ces tours superbes de ces grands Palais démolis, qui se brisent sur les testes de ceux mesmes qu'elles escrasent, & dont on ne marque le poids, que par l'ouuerture d'vn gouffre où elles se vont enseuelir. Quel dessein & quelle entreprise plus cruelle, que d'amasser des gents de tous les endroits du monde, & des païs les plus estranges, & vouloir porter comme en vn champ de bataille, la capitale du Royaume, le Domicile de nos Rois, le Thrône de la Iustice de l'Estat, & le Temple commun de tous les Peuples, pour estre deschirée & mise en pieces par toutes les Nations de la terre. Semble-il pas que les Monarchies,

lois

lors qu'elles sont montées à vn certain degré de perfection, tirent insensiblement de leur matiere, ie ne sçay quelle inclination secrette à empirer ; comme nous voyons aussi que la nature ne peut demeurer en mesme estat, & se trouuant oysiue agist contre elle mesme, & tasche à se destruire. Les peuples sans doute ont grand sujet de renouueller en ces rencontres, la priere que les Tenediens faisoient à Iupiter dans Pindare, de leur conseruer le cœur inuulnerable, parlans de leurs Magistrats, δίκην σὺν ἀτρώτῳ καρδία, c'est à dire qu'ils fussent impenetrables aux traits de toutes les passions, & particulierement de la haine & de la vengeance, qui ont causé la ruine des plus fleurissantes Republiques. Car comme l'œil de l'homme ne void pas bien ce qui est trop esloigné de luy, & qu'il a besoin d'vne distance proportionnée pour exercer sa fonction, aussi les Gouuerneurs & les Ministres, ausquels tout vn peuple est commis, ne voyent iamais clairement en ses interests lors qu'il est trop esloigné de leur affection; & s'il ne se conserue ce cœur pur & inaccessible à tant de noires vapeurs, dont on s'efforce de l'estouffer, il faut que tout l'Estat perisse lors que ce principe de la vie ciuile, i'entends les Magistrats & la Iustice, se trouue blessé & offensé.

Nous voyons qu'entre les armes des Soldats Romains, Polybe recommande particulierement vn certain bouclier qu'ils tenoient sur l'estomac, & l'appelloient la garde du cœur, καρδιοφύλακα. Mais les François doiuent plus estimer les fermes & constantes resolutions dont leurs Magistrats sont armez, & repoussent tous ceux qui s'opposent à leurs vertueuses entreprises : C'est à present que le peuple doit esprouuer qu'il a vn cœur inuulnerable & inuincible, qui ne sçauroit fleschir sous aucune consideration de grandeur ny de puissance, & qui se monstre plus vigoureux, & redouble son courage lors qu'il est plus fortement attaqué. Ainsi le Soleil augmente sa chaleur quand il est paruenu au signe du Lion; & comme les miroüers d'Archimede, lors qu'ils estoient directement opposez à ses rayons produisoient vn feu plus ardent, dont il brusla les vaisseaux des ennemis qui tenoient sa Ville assiegée. Aussi à l'esclat des rayons des plus grands & redoutables Princes du Royaume, il a rassemblé toutes ses forces, s'est encore enflammé d'vne plus grande ardeur pour le bien public, & s'est opposé aux efforts les plus violens, pour monstrer que les Platoniciens ont erré, qui vouloient que toutes les vertus eussent le nom & la figure de femme, & que la Iustice (comme disoit Eustathe au premier de l'Iliade) doit auoir vn visage d'homme, ἀρρενωπόν· parce qu'il n'appartient qu'aux hommes de gouuerner vn Estat auec Iustice, & qu'elle ne peut compâtir auec les passions desreglées des femmes : C'est pour cela que Iesus fils de Syrach, que l'on peut iustement nommer, le second Sage de l'Escriture Sainte, disoit, ou il faut despoüiller le tiltre de Magistrat, ou se disposer à faire teste à l'iniustice & à l'iniquité, & non seulement luy resister, mais luy faire effort & la vaincre. Enfin c'est par ces sentimens de generosité que se doit verifier dans les Estats, le dire du Prophete,

ET ERIT PAX OPVS IVSTITIÆ.

*Fin de la troisiesme Partie.*

www.ingramcontent.com/pod-product-compliance
Lightning Source LLC
Chambersburg PA
CBHW070245100426
42743CB00011B/2137